CARTAS DE OURO
PARA EMPREENDEDORES

GUSTAVO FERREIRA

CARTAS DE OURO PARA EMPREENDEDORES

1ª edição

Rio de Janeiro | 2024

CIP-BRASIL. CATALOGAÇÃO NA PUBLICAÇÃO
SINDICATO NACIONAL DOS EDITORES DE LIVROS, RJ

F441c
    Ferreira, Gustavo
        Cartas de ouro para empreendedores / Gustavo Ferreira. - 1. ed. - Rio de Janeiro : BestSeller, 2024.

        ISBN 978-65-5712-413-0

        1. Empreendedorismo. 2. Sucesso nos negócios. I. Título.

24-89144
        CDD: 658.421
        CDU: 005.342

Gabriela Faray Ferreira Lopes - Bibliotecária - CRB-7/6643

Texto revisado segundo o novo Acordo Ortográfico da Língua Portuguesa.

Copyright © 2024 by Gustavo Ferreira
Copyright da edição © 2024 by Editora Best Seller Ltda.

Foto do autor: Aline Batista

Todos os direitos reservados. Proibida a reprodução, no todo ou em parte, sem autorização prévia por escrito da editora, sejam quais forem os meios empregados.

Direitos exclusivos de publicação em língua portuguesa para o mundo adquiridos pela
Editora Best Seller Ltda.
Rua Argentina, 171, parte, São Cristóvão
Rio de Janeiro, RJ — 20921-380
que se reserva a propriedade literária desta edição.

Impresso no Brasil

ISBN 978-65-5712-413-0

Seja um leitor preferencial Record.
Cadastre-se no site www.record.com.br e receba informações sobre nossos lançamentos e nossas promoções.

Atendimento e venda direta ao leitor:
sac@record.com.br

Dedico este livro a todos aqueles que têm Alma empreendedora: o desejo de transformar a própria vida e o mundo para melhor.

Sumário

Prefácio 11

Carta 0 • O Começo da Jornada 13

Carta 1 • Um Chamado para o Sucesso 17

Tudo o que eu tenho é tudo o que você precisa • A lenda dos 4 livros que te ensinam a fazer US$ 1.000.000 • 10 + 10 + 10 = 69 • A realização em uma novela da Globo • Mate seu exército de um homem só

Carta 2 • Seu Motor de Tráfego 27

Redes sociais, tráfego pago, orgânico, anúncios, indicações etc. • 5 campanhas (+ 1) que você deve configurar o quanto antes • Por que você precisa de um caminho validado (e por que não posso empurrar um carro parado)

Carta 3 • Faça-os Comprar 47

Como você cria uma oferta irresistível para fazer a cabeça dos seus clientes explodir assim que se depararem com ela • Como descobrir quem é seu público e o que ele realmente quer • Mecanismo único, público alvo, entregáveis, reversão de risco e 3 maneiras extras de aumentar suas vendas que você pode criar com um pé nas costas • A melhor maneira de vender pelas redes sociais

Carta 4 • Testadores Fanáticos   63

Como criei 804 anúncios diferentes para uma campanha que faturou US$ 4.900.000 • O poder dos 10% para aumentar 101% seu resultado • Como melhorar seu relacionamento, sua saúde e sua vida

Carta 5 • Escala   77

Atração massiva de clientes • Como você pode fazer seu negócio crescer, mesmo sendo um negócio físico • Ofertas autoliquidantes: a estratégia McDonald's de upsell reverso • Pressão de preço que vende 3,47 vezes mais e a estratégia que dobrou o tamanho de uma comunidade em 3 semanas • Como compartilhar amor trouxe 20% dos meus clientes

Carta 6 • A Única Métrica Que Importa Para o Seu Negócio   95

2 métricas secretas que você deve monitorar • Métricas de vaidade • A fórmula mágica para crescer nos negócios • Como saber quanto você pode investir para atrair clientes (e quanto eles te pagam de verdade) • A métrica mais importante (que faz você ter certeza que está seguindo o caminho certo no seu negócio, sempre te levando ao crescimento)

Carta 7 • A Casa do Dinheiro   107

Como descobrir qual produto seu mercado quer comprar sem desperdiçar tempo criando algo que ninguém quer • Como encher seu coraçãozinho ganancioso de dinheiro • Os principais formatos de Backend que aumentam as vendas e os lucros • O que realmente é a liberdade?

Carta 8 • Seu Funil Monstro   117

7 etapas do Funil • Como usar apenas 2 etapas • Por que ter uma lista de leads ou um grande número de seguidores não te ajuda • O segredo para construir sua casa monstro

Carta 9 • Business   125

Upsells e downsells • Consultorias e prestação de serviços • Modelos de recorrência • O que você "sempre" deve testar na hora de oferecer produtos em sequência para seu cliente • Trials e freemiums • Serviços *premium* a preços de entrada

Carta 10 • Como Comprar Tempo   135

A verdadeira liberdade • Você está sendo produtivo ou só está ocupado? • Quanto de prejuízo você dá para a empresa fazendo seu trabalho? • 80% é melhor que 100%

Carta 11 • Atraindo os Melhores Talentos Para Seu Time   149

Traga as melhores pessoas, dê o melhor treinamento e saia da frente • Como evitar que os melhores talentos se afastem

Carta 12 • Nichos Verticais   155

Como dominar um nicho e se tornar a pessoa de referência nesse mercado • O que Tony Robbins pode nos ensinar sobre posicionamento horizontal e vertical

Carta 13 • Lançamentos x Funis   159

A verdadeira Fórmula de Lançamento, que até hoje poucas pessoas descobriram (mesmo com milhares de alunos) • Como falar 120 vezes com seu cliente • 2 + 1 motivos por que você não vende

Carta 14 • O Martelo de Thor   171

Eu não quero comprar duas geladeiras • O Martelo de Thor e a Martelada de vendas • Faça seus clientes levantarem a mão • Não coloque o Chuck Norris em um liquidificador • O poder do 80/20 • Como vender com apenas 9 palavras

Carta 15 • Sua Visão 10x   183

Construa ativos • O efeito bola de neve da preeminência • Crie sua própria árvore

Carta 16 • A Estratégia Elon Musk   195

O mito do empreendedor sem-vergonha. • *Premium* primeiro • Como ficar rico sendo preguiçoso ou incompetente

Carta 17 • Gran Finale   203

P.S.   209

Prefácio

Ao embarcar na jornada empreendedora, nos deparamos com um oceano de incertezas, desafios e, acima de tudo, oportunidades. "Cartas de Ouro para Empreendedores", de Gustavo Ferreira, não é apenas um farol nesse oceano, mas um mapa detalhado desenhado por quem já navegou por essas águas turbulentas e encontrou caminhos seguros até terras de sucesso e realização.

Gustavo, com sua experiência como empreendedor e copywriter, nos convida a internalizar um conjunto de princípios e estratégias que definem negócios sólidos, lucrativos e escaláveis.

Este livro, estruturado como uma série de cartas, é um convite pessoal para mergulhar profundamente nas lições que Gustavo acumulou ao longo de 16 anos de empreendedorismo e 10 anos dedicados ao marketing digital. Cada carta aborda um aspecto fundamental da jornada empreendedora - desde o estabelecimento de um motor de tráfego robusto até a construção de um funil de vendas poderoso, sem esquecer da importância de comprar tempo e atrair os melhores talentos para seu time.

Gustavo não apenas compartilha o que funciona, mas explica o porquê, combinando teoria e prática de maneira única.

Este livro é para os que estão dispostos a aceitar o chamado ao sucesso, reconhecendo que o caminho para lá é pavimentado tanto por desafios quanto por descobertas.

As "Cartas de Ouro para Empreendedores" são mais do que orientações; são um convite para uma jornada de crescimento, descoberta e, em última análise, realização.

À medida que virar cada página, lembre-se de que o sucesso é uma jornada, não um destino. E agora, com este livro em mãos, você tem um dos melhores guias para ajudá-lo a navegar por essa jornada. Boa leitura e, mais importante, boa viagem.

José Paulo Pereira Silva,
Fundador e CEO do Grupo Ideal Trends

Carta 0
O COMEÇO DA JORNADA

Querido amigo e querida amiga,

No ano em que escrevo esta carta faz 16 anos que abri minha primeira empresa, aos 20 anos, e 10 anos que me lancei oficialmente no mundo do marketing digital (12 anos se considerarmos os primeiros 2 anos de estudo).

Nesse tempo, muita coisa aconteceu. Comecei quebrando 3 empresas (duas de tecnologia e uma agência de marketing digital) antes de, finalmente, conseguir alcançar o nível de sucesso que almejava quando iniciei minha carreira empreendedora.

Hoje, presto serviços de consultoria, e encontrei por meio das palavras uma maneira de compartilhar minhas mais valiosas lições e experiências para ajudar você, que está agora lendo este livro, e muitas outras pessoas.

Quando comecei a escrever estas Cartas — que a princípio chamei de Cartas de Ouro para Empresários —, há alguns anos, eu tinha uma visão de mundo diferente da que tenho hoje.

Mas uma coisa me alegra: as lições que escrevi quase 10 anos atrás continuam sólidas.

Este é o meu mantra e sempre foi meu objetivo quando falo de empresas e negócios: **construir negócios Sólidos, Lucrativos e Escaláveis.**

Eu me lembro da vez em que fui visitar um amigo que tinha um faturamento pelo menos 20 vezes maior que o meu. Mesmo com todo esse sucesso, o negócio dele se concentrava em uma única fonte de tráfego, que, inclusive, implodiu alguns meses depois dessa visita.

Essa ocasião coincidiu com o dia em que fechei a venda de um produto de cerca de R$ 2.000, de forma automática, o que deixou meu amigo pasmo.

Na época, eu atuava sozinho e já não fazia a divulgação do meu trabalho de forma tão ativa. Diante do choque dele, falei: "Você fatura muito mais que eu, não tenho como negar. Mas quando me refiro a construir um negócio sólido, é disso que estou falando."

Meu faturamento continuava vindo de maneira constante e "sem esforço" (porque havia um sistema sólido de anúncios e e-mails que fazia as vendas acontecerem, mesmo sem minha atuação direta).

Esse é outro princípio que trago para minha vida: conheço empreendedores que trabalham 80 horas por semana, e eu mesmo já fiz isso inúmeras vezes.

Mas de que vale tanto esforço e dinheiro se, para isso, eu renuncio minha saúde? Se renuncio tempo de qualidade com a minha família?

Um dos meus mentores de negócio, Dan Martell, sugere criarmos uma "semana perfeita" e nos planejarmos para um ano inteiro.

Hoje tenho planejados os grandes momentos da minha vida, de que não abro mão. Aniversários, descanso, tempo com a família e, lógico, o tempo necessário para manter minha saúde.

É o mesmo princípio de arrumar a cama toda manhã. Ainda que tudo dê errado ao longo do dia, ao chegar em casa à noite sempre terei uma cama aconchegante para me deitar. Mesmo que meu ano não saia exatamente como o planejado, terei aproveitado minha família, e ainda vou poder contar com minha saúde.

É um princípio valioso e inegociável.

Aliás, um dos períodos de maior crescimento, prosperidade e paz mental que já experimentei começou justamente depois que desfiz a parceria com alguns clientes e parei de fazer todas as pequenas coisas que sugavam minha energia e estavam me matando aos poucos.

Priorize-se.

Acredito que o mundo só pode ser mudado por meio do empreendedorismo, mas precisamos de empreendedores com Alma — pessoas que se sintam inteiras, íntegras.

Enfim, em vez de simplesmente editar as cartas antigas, decidi reescrevê-las completamente.

O conteúdo das cartas continua incrível e trazendo muitas lições valiosas, mas preferi reformulá-los para me aprofundar e rever conceitos que apresentei antes.

Espero que você aproveite as lições e curta a viagem.

À Sua Riqueza e Felicidade!

Guto Gouvêa

P.S.: Tenho um favor para pedir a você. Não faça da leitura destas Cartas um mero exercício intelectual. O sucesso só vem com a ação. Ação massiva e imperfeita.

Há muito tempo aprendi uma lição valiosa que aplico até hoje em minha vida: um ano tem 251 dias úteis, em geral. Se todo dia você colocar em prática uma ação para fazer seu negócio crescer, por menor que ele seja, com o tempo você será capaz de atingir o crescimento exponencial.

Mesmo que você só consiga realizar uma ação por semana, não deixe de fazê-la. Porque serão 52 ações que o farão chegar mais perto do seu sucesso.

P.P.S.: Há uma lição que aprendi também recentemente, que quero compartilhar com você agora.

Dedique de 60 a 90 minutos do seu dia (de preferência no início do dia) para focar seus esforços em "vender".

Mesmo que você tenha uma equipe que faz isso para você, dedique-se a fazer contato com novos prospects, envolva-se em fechamentos de negociação, faça uma venda completa de ponta a ponta.

Muitos negócios deixam de crescer porque perdem a "força" das vendas, e você, como empreendedor e dono da sua empresa (mesmo que seja um profissional autônomo), é responsável por manter esse motor funcionando.

Sugiro você fazer, no mínimo, 5 contatos por dia com potenciais clientes, até mesmo enviando mensagens para seus seguidores no Instagram, ou LinkedIn, para conectar-se com eles, identificar a necessidade de cada um e fazer sua oferta.

É esse processo simples que sigo hoje, e vejo como é uma das melhores formas que temos para continuamente fazer crescer nossa empresa e negócio.

P.P.P.S.: Você já reparou que eu adoro usar "P.S." e "P.P.S.", certo?

"P.S." significa *post scriptum*, que é um complemento de uma mensagem escrita após a mensagem principal (assim, como esse "post post post scriptum").

Uso esses espaços para trazer mensagens adicionais e complementares, (geralmente) ligados ao tema da Carta.

Veja, minhas Cartas são pessoais. Estou falando diretamente com você, querido amigo e querida amiga, que está lendo estas Cartas.

Então, como uma boa conversa entre amigos, nós podemos divagar um pouco com palavras adicionais e outras visões acerca do que estávamos falando.

Carta 1
UM CHAMADO PARA O SUCESSO

Tudo o que eu tenho é tudo o que você precisa •
A lenda dos 4 livros que te ensinam a fazer US$ 1.000.000
• 10 + 10 + 10 = 69 • A realização em uma novela da
Globo • Mate seu exército de um homem só

Caro amigo e cara amiga empreendedores,

Começo esta série de Cartas de Ouro para Empreendedores com um objetivo simples:

Compartilhar um pouco as lições e os aprendizados que adquiri ao longo da vida como empreendedor.

Você verá que já cometi diversos erros e falhas, mas também tomei muitas decisões acertadas, que me permitiram alcançar o sucesso e a realização.

Esteja você no começo da sua jornada ou em uma etapa mais avançada, me acompanhe, porque nestas Cartas eu compartilho ideias tanto para criar uma base sólida, se você estiver começando, quanto para crescer mais ainda, se já tiver um negócio bem estabelecido.

Há duas maneiras de levar a vida empreendedora. Uma delas é a busca por estabilidade.

Nos últimos anos, muitas pessoas se viram obrigadas a se tornar empreendedoras apenas pela necessidade de pagar as contas, e não há nada de errado nisso.

Eu mesmo tive que "dar alguns passos para trás". Recuei na minha ânsia de empreender e busquei um emprego que me proporcionaria estabilidade e dinheiro para pagar as contas. (E esse mesmo emprego me permitiu seguir os planos que menciono na Carta "A Estratégia Elon Musk".)

Para muitos, quando a incerteza e a instabilidade financeira entram na equação, a conta fica pesada e o tempo cobra por meio do estresse, dos problemas de saúde e até mesmo de relacionamentos prejudicados.

Então, está tudo bem se o seu desejo de empreender é motivado apenas pela necessidade de sustento — você quer ter estabilidade na vida, cuidar da sua família e aproveitar o tempo livre.

Se essa é a sua situação, tudo bem.

Buscar um crescimento estável todos os anos também é uma vitória.

A outra maneira de encarar a vida empreendedora, entretanto, é buscar um crescimento exponencial, no qual sua empresa pode crescer 2, 3, 5, 10 vezes a cada ano.

Isso também é possível, e os lugares a que você pode chegar são inimagináveis e ilimitados.

Com estas Cartas, vou oferecer auxílio para as duas situações.

Porque quero mostrar como você pode "comprar" mais tempo, o nosso bem mais valioso.

Como você pode cobrar mais por seu produto ou serviço.

Como você pode atrair mais pessoas para o seu negócio. Como vender ainda mais para quem já é seu cliente.

Agora, querido amigo, querida amiga, também preciso dar um aviso... O sucesso não depende do marketing.

O sucesso de um negócio depende da excelência de seu produto, da qualidade de seu serviço. O marketing vai te ajudar a ser encontrado e a aumentar as vendas, mas NADA substitui um bom produto e uma boa oferta.

Esse é o segredo para um negócio de sucesso.

Todo conhecimento que vou compartilhar aqui adquiri por experiência própria.

E aqui está mais um aviso: não se deixe ficar paralisado pela variedade de opções de ações e de possibilidades que você pode ter.

Comece com uma ação, a que a princípio for mais fácil para você aplicar.

Depois continue trabalhando. Uma ação por vez.

O dinheiro segue a velocidade.

Se você se acomodar, se demorar, se procrastinar... você não vai alcançar o sucesso.

Ryan Levesque, um dos meus mentores, diz que tudo de que precisamos é de *grit*. Uma palavra simples em inglês, que não tem tradução direta.

Grit pode significar algo como "perseverança, paixão e coragem".

Como Ryan disse para mim uma vez: "*Grit* é tudo que tenho, e *grit* é tudo que você precisa."

Pense nisso.

Você tem perseverança para alcançar seus objetivos? Você é apaixonado pelo que faz e por seus sonhos? E você tem coragem para ir atrás da realização de tudo isso?

O dinheiro segue a velocidade... e tudo que você precisa é de *grit*.

Acredite, dificilmente o que você precisa é de mais conhecimento. No máximo você precisa de uma orientação, como a que vou me esforçar para oferecer por meio destas Cartas.

Certa vez, discutimos em um grupo sobre a quantidade de livros lidos. E uma pessoa contou a seguinte história:

*"Contei para meu mentor que tinha acabado de ler 4 livros que ensinavam a fazer 1 milhão de dólares em 1 mês. Ao que ele respondeu: 'Legal, **então você vai fazer 4 milhões no mês que vem?**'"*

A discussão então se tornou a seguinte: se você ler um livro, ou mesmo se fizer um curso... volte nele 3, 4, 10 vezes... até colocar tudo o que você precisa em prática.

A pessoa que contou essa história leu o livro *Trabalhe 4 horas por semana*, de Timothy Ferris; depois de ler o livro 6 vezes, ela conseguiu criar a própria semana de 4 horas de trabalho.

A verdade, meu amigo e minha amiga, é que, se você colocar em prática 10% do que já sabe, você terá resultados que mal pode imaginar agora.

Além disso, quanto mais rápido você tomar ação massiva, mesmo que imperfeita, mais rápido vai aprender e mais rápido alcançará o resultado desejado.

Não tenha medo de errar. Você NUNCA perde tempo ou dinheiro, desde que você aprenda as lições que isso traz.

Veja, apesar de recomendar focar em um livro para extrair o máximo de lições que conseguir, não deixe de ler outros livros para buscar inspiração. Apenas 10 minutos de leitura por dia de livros que te inspiram podem mudar muito sua mentalidade. Mantenha-se um leitor ávido. Mas foque em executar e não apenas em inspirar-se.

Portanto, caro amigo e cara amiga empreendedores, se você ainda não entrou em campo, a hora de fazer acontecer é agora. Faça a diferença.

Eu leio o MESMO livro 10 vezes se for preciso, até conseguir aplicar tudo que ele ensina, e depois parto para o próximo.

Não vai adiantar nada ler este livro e partir para o próximo sem ter aplicado nenhuma lição daqui na sua vida.

Se você aplicar apenas uma lição, já aumentará muito suas chances de vender mais, atrair mais clientes e conseguir criar uma empresa verdadeiramente sólida.

Mas para isso você precisa agir.

Nesta primeira Carta, vou mostrar um plano geral que indica até onde você pode chegar e o que você pode esperar.

Sinceramente, espero que você busque e consiga uma melhoria de apenas 10%.

Se você aumentar 10% o volume de clientes, melhorar 10% os seus custos e aumentar 10% o valor que as pessoas pagam para você, aumentará o seu ROI (retorno sobre o investimento) em 69%.

Isso é possível? Sim. E é esse o caminho pelo qual quero começar a te guiar.

Quando presto consultoria, muitas vezes trabalho otimizando cada um dos processos da empresa exatamente dessa forma, e passamos por todas as etapas: tráfego orgânico, tráfego pago, conversão em leads, conversão em vendas, aberturas e cliques de e-mails, checkout, upsell, downsell...

Muitas vezes começamos melhorando o processo com os vendedores (otimizando o processo de vendas de cada um deles), depois os processos financeiros, passando pela estruturação dos setores e pelos processos seletivos, sempre procurando maneiras exponenciais de aumentar o resultado.

Se sua empresa é menor, se não tem tantos funcionários, ou se o produto ou serviço que você oferece é simples, pense que você tem um processo principal que gera valor.

Imagine uma loja de roupas. O processo de vendas é o seguinte:

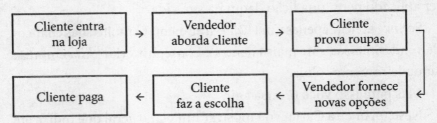

Você percebe que mesmo um cenário simples de vendas pressupõe um processo com várias etapas?

Pensando no caso acima, quais seriam os seus desafios como empreendedor? (E quais são os meus como consultor?)

- Como fazer mais clientes entrarem na loja?
- Como melhorar a abordagem do vendedor para que mais clientes provem mais roupas?
- Como melhorar a oferta de opções para o cliente após a primeira prova?
- Como fazer o cliente escolher mais roupas, roupas de maior valor agregado, ou itens que complementam a compra?
- Como fazer o cliente pagar um maior valor no momento de fechar a compra, ou fidelizá-lo para voltar depois?
- Como fazer o cliente indicar outros clientes?

Percebe aonde quero chegar?

O mesmo se aplica, por exemplo, ao trabalho freelance ou autônomo. Se você simplificar para uma relação "cliente contrata → prestador entrega o serviço", estará sempre limitado a esse patamar.

Mas quais processos você tem hoje para "atrair mais clientes", "fechar mais serviços", "cobrar mais" e "fazer o cliente voltar"?

E, para além disso, como você realiza seu processo interno: como você organiza as tarefas? E como é seu processo de execução e entrega do serviço?

Fazer essas perguntas e elaborar esses processos em seu próprio negócio é seu papel como empreendedor, mesmo que você seja uma "eupresa", um freelancer.

Nesse caso, por sinal, recomendo urgentemente que você aprenda a "comprar" tempo (falo sobre isso mais adiante).

Quero que você quebre todas as barreiras mentais que o impedem de crescer.

Pergunte-se: o que me impede de aumentar meu faturamento em 10 vezes no próximo ano?

A verdade é que muitas vezes, querido amigo, querida amiga, a resposta será "nada". Por conta dos desafios do dia a dia, podemos perder até mesmo a habilidade de sonhar.

Então, primeiro, permita-se sonhar novamente.

Adoro a frase "as pessoas loucas o suficiente para acreditar que podem mudar o mundo são as que realmente o fazem".

Não quero que você salve o mundo, mas quero que você salve o SEU mundo.

Eu acredito em construir Negócios com Alma. Em meu livro *Gatilhos da Alma*, falo muito sobre como encontrar sua verdadeira essência e como manifestá-la neste mundo.

Isso também se traduz na sua empresa. Quando você está conectado com sua Alma, e alinha sua empresa ao propósito de realizar sua missão espiritual, seu negócio pode se transformar.

Neste livro vamos focar em negócios. Mas eu também acredito que você está aqui para colocar sua Alma em sua empresa, e manifestar o máximo de luz e prosperidade na sua vida e na vida de seus clientes.

Agora, vamos começar, passo a passo, a caminhar em direção ao seu sucesso.

À Sua Riqueza e Felicidade!

Gustavo Ferreira

P.S.: Ah, um ponto importante: a noção de sucesso é diferente para cada um. Para algumas pessoas, por exemplo, o sucesso é conquistar a casa própria; para outras é viajar.

Crie uma definição objetiva de sucesso para você. Quando conseguimos descrever nosso futuro em detalhes, ele começa a ser criado em nossa mente e a se moldar em nossa vida. Em compensação, se não temos um objetivo bem definido, qualquer caminho serve.

Inclusive, sugiro que você crie duas definições de sucesso, uma para sua empresa e outra para sua vida pessoal.

Por exemplo, minha definição de sucesso na vida pessoal é poder passar mais tempo com minha família e viajar mais. (Tenho uma definição nítida e mais especificada escrita em um papel — estou compartilhando somente o resumo dela aqui).

Da mesma forma, a definição de sucesso da sua empresa pode ser ter filiais em cidades, ou vender 2 mil unidades do produto X, ou, ainda, fazer uma novela na Globo (se você é um influencer, esse pode ser um objetivo!).

Crie seu próprio cenário de sucesso. Lembre-se de que esse cenário pode mudar com o tempo; esse é apenas um caminho para você começar a seguir.

É algo que parece simples, mas é muito importante para seu processo de tomada de decisão. Se surgir um novo projeto, um novo curso, ou até mesmo um convite para uma reunião, você precisa se perguntar se o que está prestes a fazer está alinhado ao seu objetivo.

Gosto de dar um exemplo bem simples: se o seu objetivo for se tornar "modelo fitness", você não ficará em dúvida se te chamarem para ir tomar um sorvete hipercalórico, por exemplo. O mesmo vale para seu negócio.

P.P.S.: O sucesso de uma empresa, na maioria das vezes, é alcançado ao seguir um sistema provado. Eu não fico correndo atrás da "nova rede social", da "última técnica mirabolante de vendas" nem de "lançamentos ninja". Meu processo é simples: encontre o que funciona. Enxágue e repita.

Não é muito sexy eu falar para você enviar e-mails ou ligar para uma empresa e fazer prospecção fria. Mas isso funciona. Enquanto estiver desesperado correndo atrás da "última técnica", da "bala de prata", da "nova técnica milagrosa", você continuará perdido e sem resultados.

Estas Cartas são um guia, um mapa. São minhas vivências, lições e aprendizados ao longo de quase 16 anos empreendendo. E eu consegui sucesso não por "correr atrás da moda", e sim por ter como base princípios e fundamentos sólidos. Continuamente.

P.P.P.S.: Um último ponto que quero salientar: durante anos, tive muita dificuldade em desvincular processos de mim mesmo. Sempre fui um "exército de um homem só", e o que aconteceu?

Isso me levou à estafa. Por muito pouco não tive mais um burnout, que me impediria de conseguir o que eu queria: criar uma estrutura que permitisse que minha empresa pudesse ser vendida.

Se sua empresa é 100% vinculada a você, não será possível tirar férias nem criar um plano de saída, caso um dia deseje vender o negócio.

Boa parte do que trago aqui também são lições minhas, são os desafios que enfrentei para criar uma empresa apta a andar com as próprias pernas. Assim, se você fizer seu trabalho direito, terá um ativo valioso que pode gerar uma fortuna para você na oportunidade de uma venda.

P.P.P.P.S.: só mais um detalhe: se seu objetivo é que sua empresa cresça 10x, 80% do que você faz hoje precisa sumir da sua agenda.

Ou seja, você precisa formar pessoas e articular processos para então, tendo mais tempo "livre", conseguir crescer (falo mais sobre isso na Carta "Como Comprar Tempo").

Exercício proposto

- Crie um cenário de sucesso para você. Como você define o sucesso? O que gostaria que fosse diferente na sua vida este ano?

- Quanto mais detalhes tiver a sua ideia de "futuro", mais rapidamente ele se concretizará no "presente". Ter uma visão clara do que queremos no futuro faz toda a diferença na hora de seguir nosso caminho.

Carta 2
SEU MOTOR DE TRÁFEGO

Redes sociais, tráfego pago, orgânico, anúncios, indicações etc. • 5 campanhas (+ 1) que você deve configurar o quanto antes • Por que você precisa de um caminho validado (e por que não posso empurrar um carro parado)

Querido amigo e querida amiga empreendedores,

Imagine que seu negócio seja nada mais nada menos que o restaurante que serve a melhor comida do mundo.

Qualquer um que prove a comida que seu restaurante serve vai sentir como se estivesse experimentando o néctar dos deuses, de tão deliciosa que ela é.

Você passou anos refinando a arte de criar pratos incríveis e sabe que é capaz de proporcionar uma experiência única e marcante...

No entanto, imagine que você inaugurou o restaurante e ninguém apareceu para conhecê-lo. Ou, melhor, ninguém sabe como chegar até ele... ou, ainda, ninguém sabe que a comida é deliciosa.

Essa, meu caro, minha cara, é a exemplificação de um problema clássico. Você tem um produto ou um serviço incrível, mas ninguém sabe sobre ele.

Mas você, como o empreendedor inteligente que é, sabe que precisa investir em "marketing".

Então, você entra no Instagram e, entre bichos fofinhos e fotos de viagens, vê o anúncio de alguém falando sobre marketing digital. Você decide: "É disso que eu preciso."

Aí você compra um curso que vai te ensinar a fazer o tão falado marketing digital, e uma das primeiras lições diz que você precisa usar as redes sociais.

Logo, você começa a tirar fotos dos seus pratos, faz uma dancinha aqui e ali, algumas pessoas começam a curtir seus posts e te seguir, e isso resulta em alguns clientes (algo na proporção "a cada 1.000 curtidas, alguém vem experimentar a comida").

Mas você insiste. Porque aparentemente é o que todo mundo faz (e porque você comprou um segundo curso que fala a mesma coisa). Você até começa a ter sucesso: as pessoas começam a postar e você começa a ter um fluxo legal de clientes.

Até o dia em que... o Facebook, o Instagram/YouTube/TikTok/Twitter ou Qualquer-outra-rede-que-esteja-na-moda decide mudar as regras de seu algoritmo.

Antes você publicava e era visto por milhares de pessoas. Agora, com sorte, seu alcance é de algumas centenas.

Ou pior... a rede social na qual você construiu todo o seu sucesso simplesmente deixa de existir. Alguém lembra do Orkut? Squarespace, Clubhouse?

Há alguns anos, o Facebook mesmo era uma super-rede social, e agora cada vez mais pessoas o estão deixando para trás e migrando para outras redes.

O TikTok é a nova rede do momento, popular sobretudo entre os mais jovens, e o YouTube continua competindo (e, pelo menos por enquanto, ganhando) para atrair mais usuários.*

Então, o que você vai fazer? Atacar todas essas redes e se matar para se manter relevante e "social"? Toda vez que surgir uma nova moda, você vai correr para dominar esse canal?

Bem, você pode, se quiser. (Até porque com certeza haverá algum curso para cada nova rede que surgir.)

Mas será que esse é mesmo o melhor caminho?

Querido amigo, querida amiga, eu posso afirmar que há uma saída dessa loucura. Mas admito também que o que vou falar aqui não é para todo mundo.

Deixando de lado os devaneios e as alucinações do marketing digital, você provavelmente sabe que, quando falamos de tráfego para o seu negócio, existem muitas maneiras de fazer isso.

As redes sociais são UMA forma de aumentar o tráfego até seu negócio. E, se você for analisar todos os meios possíveis, pode se sentir sobrecarregado com a variedade de caminhos e paralisar.

Um "guru" manda você criar conteúdo. Outro diz que esse não é o melhor caminho, que é preciso ter um site. Um terceiro jura que o ideal é fazer e-mail marketing e não precisa de redes sociais nem de conteúdo. Enquanto isso, há mais um "guru" falando que a mídia física está morta e outro afirmando que essa visão está errada.

---

* Informações de janeiro de 2024. Daqui a alguns anos é bastante provável que muitas das grandes redes percam relevância. (Por exemplo, o Twitter, cujo nome mudou para X, perdeu muito de sua força.)

Percebe aonde quero chegar?

Esse foi um dos motivos pelos quais decidi me afastar do marketing digital — porque também estava cansado de escutar coisas como "Mas o Fulano diz que isso não funciona".

A única resposta certa é: Depende.

Veja que situação engraçada.

Por volta de 2016 comecei a ensinar sobre a estratégia de e-mail marketing. Na época, vários desses gurus falavam que o e-mail marketing tinha morrido e que o melhor era migrar para as redes sociais.

Até minha esposa dizia para mim que mais ninguém lia e-mail, ela também não. Isso vindo da pessoa que uns anos depois acabou comprando um curso de pós-graduação que, lógico, chegou até ela por e-mail marketing. E em casa quase todo mês compramos alimentos orgânicos por causa de propaganda por e-mail que ela recebe!

Um ótimo cliente que tive, que, com o meu auxílio, atingiu quase R$ 1.800.000 de faturamento (por e-mail) em 2021, me disse que não acreditava em e-mails... Aí na mesma reunião ele contou que todo dia lia notícias... que recebia por e-mail.

Com o crescimento das redes sociais, os mesmos gurus (que agora são influencers) continuaram disseminando a ideia de que o e-mail marketing morreu.

Anos se passaram e adivinha o que muitos desses influencers estão falando? "Crie sua lista de e-mails!", porque as redes sociais são "terreno alugado" e o algoritmo pode mudar a qualquer momento e você pode perder relevância.

Percebe a ironia?

Não me entenda mal, nesta Carta também não estou falando para você trabalhar e-mails nem que você "tem que" fazer alguma coisa.

Porque a resposta certa é: Depende.

"Mas depende do quê?" Do momento e do contexto.

Se você está começando agora e tem um produto físico, por exemplo, um restaurante, ou uma loja, ou até mesmo se você presta algum serviço, minha primeira recomendação muitas vezes é: trabalhe as redes sociais.

Sim, faça parcerias e invista em mídias locais para ser conhecido na sua região. (As redes sociais ajudam muito com a disseminação boca a boca na região em que você atua.)

Porque, para esse momento e contexto, o seu negócio precisa de clientes "agora", você precisa ter fôlego o suficiente para continuar aberto.

Pelo mesmo motivo, recomendo que você se cadastre no Perfil da Empresa no Google (o antigo Google Meu Negócio). É um serviço gratuito que impulsiona seu negócio, fazendo-o aparecer na aba principal de pesquisa e no Google Maps.

Agora, digamos que você tem um negócio mais consolidado, sua situação é estável e você quer crescer.

Então este é o momento de investir em seu Motor de Tráfego. Esse tópico merece um livro à parte (e vou escrever um sobre isso!), mas quero que você entenda o conceito geral por enquanto.

O que é o Motor de Tráfego?

Trata-se de uma série de ações que vão aprimorar sua presença on-line e criar uma base sólida para você crescer, e constantemente atrair novos clientes.

Um Motor de Tráfego completo funciona mais ou menos como mostra a figura a seguir, com vários motores independentes que o fazem funcionar:

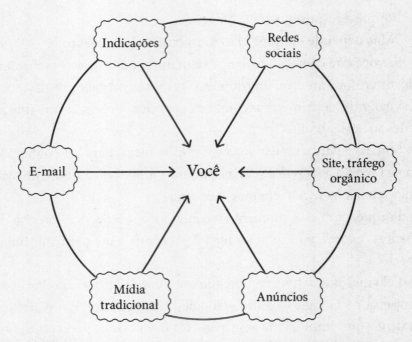

Você não precisa ativar todos esses motores ao mesmo tempo — se desejar, pode ativar um de cada vez. A grande questão é que cada um deles está ligado a outro, e nenhum trabalha sozinho.

Por exemplo, após iniciar uma campanha de tráfego pago, um cliente relatou que o tráfego orgânico aumentou, porque, ao ver um anúncio, as pessoas passaram a procurar por esse cliente no Google.

Não existem redes e canais isolados; as mídias estão interligadas, e uma afeta a outra.

Por exemplo... em uma campanha para um cliente, ele insistiu que não precisava mais do tráfego pago porque o orgânico estava vendendo melhor. Adivinhe o que fiz?

Desliguei as campanhas pagas por apenas 2 dias... e as visitas orgânicas ao site caíram. E o cliente pediu que eu religasse uma semana depois.

A questão aqui é: o que você deve priorizar?

Nunca fui muito a favor das redes sociais (tanto que só criei um perfil no Instagram em 2023), mas admito que elas oferecem uma vantagem: o algoritmo faz com que sua conta atraia e reúna um público que se interessa pelo seu conteúdo e, por isso, se conecta com você e está disposto a ouvir o que tem a dizer.

Mas as redes sociais representam apenas o topo do funil. Curtidas e seguidores não pagarão suas contas (a não ser que você saiba como seguir um sistema de vendas para isso).

Aliás, **você não precisa criar e usar redes sociais para ter vendas.**

Em 2023, trabalhei em uma campanha na qual faturamos US$ 4.900.000 sem ter feito nem uma postagem sequer.

O que fizemos, então? Trabalhamos 100% com tráfego pago (anúncios). Isto é, criamos um anúncio que direcionava o cliente a uma página, e era nessa página que aconteciam as vendas (esse caminho de conversão também é chamado de "Funil").

Desde que comecei a mexer com o marketing digital, em 2012 — tendo iniciado de fato meu trabalho somente em 2014 —, eu raramente aparecia "face a face" nas redes sociais.

Eu disparava anúncios para as pessoas entrarem na minha lista de e-mails (que tecnicamente também é uma rede social), e só vendia por meio das minhas mensagens quase diárias.

Isso pode funcionar para você? Com certeza.

Imagine que você tenha uma pizzaria. Você pode programar anúncios para a região que você atende, nos horários em que as pessoas mais pedem pizza.

Em um dos anúncios, você mostra uma pizza saindo do forno, com o queijo ainda fumegando, com uma chamada no final: "Para qual endereço podemos mandar?"

Essa é uma fórmula simples de um anúncio e, sim, você pode segui-la e pode funcionar.

Lógico, você pode acrescentar ao anúncio seu site e suas redes sociais, se quiser, que vai levar seu cliente a descobrir outros sabores de pizza, enviar um e-mail com cupom de desconto... você percebe que não precisamos depender apenas da divulgação por meio das redes sociais?

Se você é um consultor ou mesmo um prestador de serviço freelance, também pode criar um anúncio que direcione a uma página com a apresentação de um estudo de caso sobre o tipo de situação que você resolve.

Se você é um infoprodutor, pode criar um anúncio que leve as pessoas diretamente para a página de vendas do seu produto, ou criar um "advertorial" (que funciona como uma pré-venda do produto).

As possibilidades são infinitas.

Agora, se, quando falo sobre anúncios, você se preocupa com o dinheiro que vai precisar investir porque as contas estão apertadas, pense nisto: você SEMPRE paga.

Ou você paga com tempo, ou paga com dinheiro.

Se você depender apenas do tráfego orgânico, ou das redes sociais, precisará de tempo até se tornar relevante. Isso pode acontecer em uma semana (caso você viralize, por exemplo), um mês, um ano ou muito mais.

Nesse caso, você está pagando com o seu tempo.

A outra alternativa, então, é pagar com dinheiro e se tornar relevante mais rápido.

Qual é a mágica? Unir os dois.

É o "princípio do micro-ondas", sobre o qual vou falar adiante.

Você pode criar um conteúdo que seja relevante para o seu público (investindo tempo) e impulsioná-lo para que mais pessoas consigam acessá-lo com facilidade (investindo dinheiro).

Quando trabalhamos com anúncios, muitas vezes vamos direto atrás das pessoas que estão prontas para comprar (porque é o que nos faz pagar as contas).

No exemplo da pizzaria, a ideia seria criar o melhor anúncio possível para influenciar as pessoas a fazer os pedidos **imediatamente.**

Mas você também pode criar outros conteúdos (e impulsioná-los), como, por exemplo, "5 motivos pelos quais comer pizza é saudável", ou pode criar uma campanha viral, fazendo as pessoas marcarem um amigo dizendo qual sabor de pizza querem enviar para ele. São coisas como essas que vão ajudar você a construir sua marca, seu *branding*.

Há situações em que seu produto ou serviço não é algo que pode ser comprado com frequência, por exemplo, fazer um checkup médico.

Imagine um oftalmologista. Cada cliente não passa por uma consulta toda semana. O ideal seria realizar um checkup anual, mas essa também acaba não sendo a realidade.

O que você poderia fazer?

Uma opção seria produzir conteúdo respondendo a perguntas ligadas a problemas latentes (olhos vermelhos, coçando, dores, cegueira etc.), ao mesmo tempo que impulsiona esses materiais e convida as pessoas para um checkup (diretamente ou por meio de remarketing).[*]

Ou também criar uma campanha de incentivo para o checkup de famílias e crianças e produzir conteúdo sobre cuidados no verão, no inverno, na praia etc.

Então, eu defendo que você sempre deve trabalhar com uma visão de curto e longo prazo.

---

[*] No remarketing você faz uma campanha para mostrar seus anúncios para quem já interagiu com você.

Vou mostrar para você um caminho, uma sequência, que é a minha sugestão para o seu direcionamento.

Veja, estou assumindo que você já fez o trabalho básico. Nesse cenário, você já se divulga e vende de alguma forma. Não vou te ensinar a fazer posts nas redes sociais, porque você deve fazer do jeito que acredita ser melhor e que vá gerar resultados para você.

Também não vou te ensinar a sair "do zero", porque você conhece seu produto ou serviço melhor que qualquer um, e deve conseguir vendê-lo sozinho antes que eu possa realmente te ajudar.*

Há DEZENAS de formas de gerar tráfego, e aqui estou apresentando algumas das possibilidades mais importantes para você priorizar.

Cenário 1: Perguntas

Esse é um cenário que sugiro principalmente se você trabalha com produtos ou serviços sobre os quais as pessoas fazem perguntas.

Por exemplo, digamos que você oferece um serviço de venda e reparo de aparelhos de ar condicionado.

Se uma pergunta muito comum é "Por que o meu ar-condicionado faz um barulho estranho?", você pode criar um texto e um vídeo com perguntas e respostas sobre esse assunto.

O texto obviamente deve ser de qualidade, e deve ajudar a resolver o problema das pessoas. No fim dele você reforça que é um especialista e informa que sua empresa pode resolver problemas desse tipo.

Se você criar um vídeo como esse, publique-o no YouTube, com um link para seu site e contatos diretos.

---

* Para se aprofundar nos temas da comunicação persuasiva para vender, leia meus outros livros: *Gatilhos Mentais: O Guia Completo com Estratégias de Negócios e Comunicações Provadas Para Você Aplicar* e *Copywriting: Palavras que Vendem Milhões*, ambos lançados pela DVS Editora.

Da mesma forma, você também pode criar um "artigo" no seu site (onde também pode inserir o vídeo como parte do conteúdo).

Isso naturalmente trará o "tráfego orgânico" de pesquisas.

Você também pode criar uma campanha de palavras-chave para essa "pergunta".

Quando alguém digitar no Google "Por que meu ar-condicionado faz um barulho estranho", sua página poderá ser o primeiro resultado...

Mesmo que essa pessoa não compre **imediatamente**, sua campanha-base vai fazer você aparecer novamente por meio do remarketing.

As perguntas também podem ser postadas nas redes sociais em formato de vídeo ou de texto (e você pode usar a estratégia do micro-ondas, que explico a seguir).

Cenário 2: E-mails

Sim, esse é o meu preferido. Mas repare que não o apontei como primeira ação para você colocar em prática.

O que eu sugiro aqui é bem simples: converse com seus clientes (atuais e potenciais).

Por exemplo, se você tem o cadastro de todos os seus clientes e eles autorizam o envio de e-mails, você pode enviar novidades do setor (por exemplo, quais as melhores cores para o verão, as frutas do mês etc.), contar histórias e intercalar esse tipo de conteúdo com promoções.

Em meus outros livros (*E-mails que Vendem: Guia Prático para Campanhas de E-Mail Marketing Lucrativas* e *Story$elling: A Arte das Narrativas Milionárias*),* explico sobre as diversas maneiras de

---

* Ambos publicados pela DVS Editora; o segundo livro citado foi escrito em coautoria com Paulo Maccedo.

fazer isso. É importante saber que manter um relacionamento, mesmo simples, por e-mail vai gerar impacto nas suas vendas.

Outra sugestão que dou, de algo que sempre aplico, é enviar e-mails personalizados para quem já é cliente e para quem não é cliente.

Por exemplo, se eu acabei de comprar uma geladeira, não quero receber mais mensagens sobre "comprar geladeira", mas uma mensagem sobre como armazenar melhor os alimentos pode me interessar, ou até mesmo um anúncio oferecendo o pote de vidro ideal para ir ao freezer, por exemplo.

Quem for até o seu site vai receber um "pixel" (veja o cenário-base) e ver uma nova mensagem por meio dos anúncios de remarketing.

E se essa pessoa procurar pelo mesmo pote no Google, quem ela verá?

Você entendeu a ideia.

Cenário 3: Micro-ondas

Esta Carta já está ficando grande, mas quero trazer um dos meus modos favoritos de usar as redes sociais.

Basicamente, o micro-ondas é uma máquina capaz de aquecer a comida rapidamente, certo?

Como nós podemos fazer a mesma coisa, mas com o seu público-alvo?

Na verdade, é bem simples. Crie um conteúdo em vídeo que seja interessante e que desperte seu público. Sugiro algo de 3 a 5 minutos, no máximo, mas também funciona com vídeos mais curtos.

Crie uma campanha na sua rede social favorita para que o maior número possível de pessoas assista ao vídeo, e "impulsione" esse conteúdo.

Depois, para todos os que assistiram a pelo menos 50% do seu vídeo, você cria uma campanha de remarketing mostrando seu produto.

Eles já conheceram você (foram aquecidos pelo seu vídeo), e estarão mais abertos a receber uma oferta.

Sim, é uma operação um pouco mais técnica, mas é por isso que contratamos pessoas!

Procure fazer bom uso de freelancers ou de quaisquer profissionais dedicados da sua confiança, se puder contratá-los.

Se quiser começar da maneira mais simples possível, primeiro crie conteúdos como esse e faça os impulsionamentos por R$ 5 por dia ao longo de uma semana.

Você pode até fazer o impulsionamento direto pelo aplicativo do Instagram, por exemplo (é o caminho mais simples, e, apesar de ter algumas limitações técnicas, é ótimo para começar).

Aos poucos, cada vez mais pessoas conhecerão você e sua empresa.

A partir disso, você pode continuar impulsionando os vídeos e as publicações que geram os maiores engajamentos e, com um pouco de sorte, eles podem até viralizar.

Se você já deu entrevistas, apareceu em podcasts, fez palestras ou coisas assim, os cortes dessas participações também são ótimos para serem publicados e impulsionados (e também têm a vantagem de te mostrarem como "autoridade").

Cenário 4: Indicações

A maior parte das empresas e dos profissionais consegue clientes não porque tem a "melhor campanha de marketing", mas porque tem uma grande rede de indicações.

O boca a boca ainda é (e continuará sendo) um dos maiores diferenciais na hora de fazer sua empresa crescer. Então, recomendo que você formalize um processo de indicações na sua empresa para quem já é cliente.

Recompensas financeiras funcionam, mas as pessoas gostam muito mais de poder indicar e ganhar "mimos" do tipo "Indique um amigo e ganhe cada um uma mochila".

Você também pode estabelecer a regra de que quem fizer mais indicações ganhará mais prêmios, mas lembre-se: comece com o que é simples.

Cenário-base

Esse plano tem esse nome porque é o que realmente criará uma base sólida para você crescer.

Se você já tem um processo digital mais estruturado, sugiro fortemente que faça isso primeiro. E se você está só começando, ainda sugiro que faça isso quanto antes.

Deixei para apresentar o cenário-base por último porque é um pouco mais complexo que os anteriores, e não quero que você fique paralisado por isso. Vamos nos aprofundar nele:

1 Por mais simples que seja, você precisa de um site que descreva seu produto ou serviço e no qual as pessoas podem entrar em contato com você.

É importante que esse site tenha duas coisas: uma ferramenta Analytics e algum "pixel" de alguma rede social.

Por que isso é importante?

Porque por meio do Analytics (eu geralmente uso o do próprio Google) você consegue ter insights sobre o público que está chegando até você.

E por meio do pixel (recomendo ter pelo menos o do Google Ads e o do Meta [Facebook/Instagram]) você consegue usar as informações dessas pessoas em anúncios nas redes sociais.

Se você não sabe como fazer isso, leia a Carta "Como Comprar Tempo" e contrate alguém que saiba.

2 No Google, crie anúncios ligados diretamente ao seu nome e ao produto que você vende.

Por exemplo, você pode criar anúncios para, toda vez que alguém procurar pelo seu nome, ou o nome da sua empresa, você aparecer no topo da lista de resultados.

Da mesma forma, se você escreveu um livro, pode criar anúncios para, toda vez que alguém procurar pelo nome do livro, você aparecer no topo.

3 Lembra que eu falei para você criar um pixel em seu site?

A realidade é que a maioria das pessoas não vai comprar **na mesma hora** em que cair no seu site.

Então, você configura uma campanha de remarketing nas redes sociais. Pode ser um vídeo seu se apresentando ou apresentando seu produto, ou até mesmo um cupom de desconto (a depender do contexto — por exemplo, quando você sabe que alguém chegou até o checkout, mas não completou a compra).

Com poucas pessoas no seu site essa campanha vai demorar para rodar, mas lembre-se de que é a sua **base**. Com o tempo ela vai crescer.

Nessa altura, então, nós temos sua primeira base de tráfego.

As pessoas procuram por você, caem no seu site e você as impacta nas redes sociais por meio de anúncios.

Caso esteja pensando no quanto vai investir, acredite, com apenas R$ 5 por dia no Google e R$ 5 por dia no Facebook/Instagram você pode fazer muita coisa.

Lógico que para crescer mais ainda esse número precisa aumentar, mas isso virá com o crescimento natural da sua empresa.

Esses são 5 dos principais cenários que sugiro praticamente para todo mundo.

Mas minha principal recomendação é: **Comece com apenas 1.**

Muitas vezes eu até sugiro que você comece pelo micro-ondas, porque, mesmo se não souber como criar a campanha de remarketing, você vai conseguir fazer as pessoas te notarem e passarem a te seguir.

E você pode usar todos esses canais para conseguir indicações, novos leads (pessoas interessadas em você) e até mesmo seguidores que podem indicar você para outras pessoas.

Lembre-se: a resposta certa para "O que fazer?" sempre é "Depende".

O ponto principal é que não podemos depender de apenas 1 canal de tráfego.

Já vi empresas ficarem semanas sem nenhum cliente porque dependiam apenas das redes sociais ou apenas de tráfego orgânico.

As regras mudam constantemente. Então, quanto mais fontes de tráfego você tiver, melhor.

Mas também lembre-se de uma lição importante: **Não adianta ter tráfego se as pessoas não comprarem.**

E é disso que vamos tratar nas próximas Cartas.

À Sua Riqueza e Felicidade!

Gustavo Ferreira

P.S.: Na verdade, há mais um caminho muito importante que sugiro você construir, caso ainda não tenha feito isso.

Em uma das Cartas vamos falar sobre Escala, que é como você consegue fazer sua empresa crescer ainda mais.

Porém, para poder crescer, você precisa de um "caminho validado" no qual as pessoas veem um anúncio e compram.

Independentemente de como você deseja seguir, recomendo descobrir qual é esse caminho validado, porque isso te dará a base para continuar crescendo.

Perceba que não estou nem dizendo para você ir atrás de lucro.

Quero apenas que pessoas que não te conhecem vejam sua oferta e comprem. Se você chegar no zero a zero nessa oferta, está ótimo.

Porque você pode recuperar seu investimento depois (veja as Cartas "A Única Métrica Que Importa Para o Seu Negócio", "Escala" e "A Casa do Dinheiro").

Deixo de atender muitos potenciais clientes porque, mesmo sendo "grandes", ainda não definiram esse caminho validado.

E não, infelizmente não considero "vender pelas redes sociais" um caminho validado, porque o alcance estará sempre limitado ao algoritmo, e nem sempre consigo replicar um post orgânico como um anúncio de sucesso.

A não ser que você consiga usar seus posts como anúncios e dessa forma acabe "provando" o caminho (por exemplo, daqui a um mês você impulsiona a mesma publicação e consegue ter o mesmo resultado), esse não é um formato que você consegue escalar.

Para crescer, você precisa ser capaz de controlar quanto investe e quanto retorna, o que não é possível quando você lida com essas redes e mantém apenas o tráfego orgânico.

Se você ainda não consegue fazer vendas, eu posso dizer que meu trabalho fica limitado, porque não consigo empurrar um carro parado. Você precisa primeiro ter o caminho para se vender, e só depois disso poderá crescer cada vez mais.

P.P.S.: Quer uma estratégia prática para redes sociais?

Existem basicamente 4 formas de postagem que você deve priorizar (independentemente do formato, se é um vídeo curto ou longo, um texto, uma imagem etc. — isso é um mero detalhe):

1. Publicações que fazem potenciais clientes quererem "falar com você". Elas podem ser detalhadas em posts que:
   - geram curiosidade (para quem ainda não conhece);
   - mostram benefícios;
   - quebram objeções;
   - falam de dores e desejos do seu cliente;
   - apresentam prova (que o seu produto ou serviço funciona), inclusive prova social (depoimentos de outras pessoas falando que o seu produto ou serviço é bom).
2. Publicações que mostram curiosidades sobre você e sua empresa.
3. Publicações que mostram coisas que você e sua empresa não gostam quando acontece.
4. Publicações de coisas que você e sua empresa "amam".

Particularmente gosto do "carrossel de imagens", e também de publicações com apenas uma frase em destaque.

Para a criação de conteúdo, em geral, gosto de vídeos longos (principalmente para publicar no YouTube), e faço cortes menores para o Instagram, o TikTok ou qualquer outra rede de vídeos mais curtos.

Também gosto de transformar e-mails e textos de blog em posts.

Pronto. Este é um plano de mídias sociais, se você desejar um.

Sabe o que é o mais legal? Eu faço isso desde 2015 (só parei entre 2019 e 2023). E adivinhe? As redes mudaram, mas a fórmula do que precisa ser feito nunca mudou. E esses mesmos conteúdos para "redes sociais" também podem ser usados por e-mail e como parte da sua estratégia de anúncios (se lembra do micro-ondas?).

Princípios, meu amigo e minha amiga, são muito mais importantes do que modas e táticas.

P.P.P.S: "Atrair tráfego" é diferente de "criar um relacionamento".

Então, quando já tiver atraído pessoas que se interessam pelo seu negócio, pense: Como posso realmente interagir e me relacionar com o meu público a longo prazo?

Isso é o que gera uma audiência e uma comunidade real. É assim que você se torna seu próprio nicho — e é assim que você sabe que não há espaço para a concorrência.

E lembre-se disto: escolha primeiro 1 canal para criar relacionamento com seu público e domine-o. Depois vá para outros.

Exercício proposto

- Pense em quais estratégias de tráfego você usará primeiro.
- Quais perguntas costumam ser feitas por seus clientes? E quais você pode responder?
- Como você pode começar a testar um anúncio que "validará o caminho" para seu cliente?

Carta 3
FAÇA-OS COMPRAR

Como criar uma oferta irresistível para fazer a cabeça dos seus clientes explodir assim que se depararem com ela • Como descobrir quem é seu público e o que ele realmente quer • Mecanismo único, público-alvo, entregáveis, reversão de risco e 3 maneiras extras de aumentar suas vendas que você pode realizar com um pé nas costas • A melhor maneira de vender pelas redes sociais

Querido amigo e querida amiga,

Já expliquei sobre o Motor de Tráfego e mostrei como começar a trazer pessoas até você.

Veja: por mais que muitas ações estejam ligadas ao mundo digital, estou compartilhando com você princípios e fundamentos.

Você precisa ser visto. Você precisa ser encontrado. Mas isso não vai adiantar nada se as pessoas não comprarem.

Por exemplo, uma tática que vejo frequentemente sendo usada em perfis sociais é a realização de sorteios para atrair seguidores.

Imagine o seguinte: você faz um sorteio no seu perfil, no qual, para participar, as pessoas precisam te seguir e marcar mais duas pessoas.

Agora imagine que o sorteio seja para ganhar um iPhone.

Você acha que os (potencialmente) milhares de seguidores novos que você vai conseguir "gostam" de você ou só estão interessados no iPhone?

Essa é a grande questão.

Vejo perfis com milhares, às vezes milhões, de seguidores, mas que têm o engajamento baixíssimo.

Uma pessoa que admiro tem 900 mil seguidores no Instagram, mas cada publicação tem apenas 10 curtidas. Percebe, então, que o número de seguidores não significa muita coisa?

Levando em conta o exemplo do sorteio, qual seria a melhor saída? Eu digo: sortear algo ligado ao seu produto.

Por exemplo, se você vende um curso de jardinagem, pode sortear o próprio curso... Ou pode sortear itens de desejo de pessoas apaixonadas por jardinagem (que é o que eu, particularmente, faria).

Por quê? Porque se eu tenho um perfil de **jardinagem,** ofereço um **curso de jardinagem** e sorteio **objetos de desejo** (como um item que ajuda a cuidar melhor do jardim, mas é caro para o "jardineiro comum"), vou atrair as melhores pessoas para o perfil.

Gary Halbert, um dos maiores copywriters que já tivemos, usou a seguinte analogia várias vezes:

Imagine que nós dois vamos competir para ver quem vende mais hambúrgueres. Você pode escolher qualquer vantagem.

A maioria das pessoas pede "a melhor carne", "o melhor molho", ou algo assim. E Gary respondia: "A minha vantagem é uma multidão faminta."

Não adianta querer vender hambúrguer para quem não está com fome.

Há um princípio de marketing que diz que não podemos "criar" um desejo, apenas direcioná-lo.

Existem situações em que, sim, é possível "criar" desejo nas pessoas, mas nós mortais não devemos nos preocupar com isso na maioria das vezes.

Procure pensar sempre: "Como posso atrair uma multidão faminta para o meu negócio?"

É nesse momento que começa o trabalho de realmente descobrir quem é o seu público e começar a entendê-lo.

"Mas eu trabalho há 20 anos com esse público, sei tudo sobre ele."
Será mesmo?

Um cliente que já trabalhava havia mais de duas décadas com fotografia não acreditou quando descobri que parte do público dele não estava interessada em fotografia profissional. Esse cliente descobriu diversas oportunidades para trabalhar com esse "novo" público — que apenas queria aprender a fotografar porque gostava de postar nas redes sociais.

Então, sim, por mais que você acredite que "conheça" o seu público, seu objetivo precisa ser saber cada vez mais sobre ele, porque a sociedade, as tecnologias e os desejos, individuais e coletivos, mudam.

Nesse exemplo da fotografia, hoje existem cursos especializados em "fotografia para redes sociais" para quem só quer ter isso como um hobby, algo que não existia quase 10 anos atrás.

Agora... o que você pode fazer para conhecer melhor o seu público?

Eu gosto de rodar uma pesquisa, na maioria das vezes por e-mail, mas também já fiz o mesmo por WhatsApp e diretamente nas redes sociais.

A pergunta principal que faço é:

"Qual sua maior <dúvida / dificuldade / desafio> para <vender mais / emagrecer / cuidar de orquídeas / se conectar com seu cavalo / etc.>?"

Essa é a pergunta principal, porque é por meio dela que você conhecerá as dores e os desejos do seu público, ou seja, o que ele realmente quer.

Idealmente, quanto mais respostas, melhor, mas procuro ter no mínimo 10 boas respostas (com muitos detalhes).

Certa vez eu estava rodando uma campanha de um cliente e percebi que não sabia se o público-alvo ainda morava com os pais ou se já morava sozinho, se era casado, se estava trabalhando ou não. Tudo isso teria impacto direto no resultado da campanha e na própria comunicação que estávamos criando.

Se você mora com seus pais e não está trabalhando, o preço de um produto pode ser uma grande barreira.

Para esse público, não adiantaria eu falar sobre "a dificuldade de pagar as contas", porque é mais provável que os pais arquem com essas despesas.

Porém, se eu usar um discurso como "Você pode conquistar a tão sonhada liberdade para viajar pelo mundo", potencialmente esse público vai se conectar mais.

Como saber quais palavras usar na hora de vender? Pergunte ao seu público.

Use o próprio vocabulário do seu público na hora de se comunicar. Simples assim.

Outras perguntas que gosto de adicionar são:

- "Qual o seu maior desejo?"
- "Se você tivesse uma varinha mágica que pudesse resolver o seu maior problema, como você imagina que seria sua vida?"

Também busco dados gerais, como gênero, idade e outras informações que possam ser relevantes (não vou perguntar para empreendedores se eles moram com os pais, por exemplo).

Se você quer ir além, converse pessoalmente com pessoas que são seu público-alvo. Três boas entrevistas equivalem a 50 respostas.

E o que você pergunta? As mesmas coisas.

Você pode procurar reviews de livros para descobrir o que as pessoas gostam mais ou gostam menos.

Se quiser, você pode até mesmo pedir ajuda a alguma inteligência artificial para fazer um *brainstorming* e descobrir alguns desses pontos, mas não fique dependente dela — afinal, você precisa do toque humano.

Usar as palavras que seu público já usa, por exemplo, é um toque humano, e faz uma grande diferença.

Agora que você já tem mais informações sobre o seu público, você tem duas opções.

A primeira opção é ir além. Mergulhe na pesquisa de concorrentes.

O que eles estão fazendo? O que eles falam? O que eles entregam? O que eles não entregam? O que as pessoas comentam nas publicações? Como é o suporte? O produto é realmente bom? O que eles oferecem depois que você compra?

Sim, muitas vezes eu comprei produtos apenas para descobrir o que estava "por trás da cortina", e realmente usei o produto de concorrentes para ter a mesma experiência dos clientes dele.

Por que isso é importante? Porque agora você sabe onde pode melhorar.

A "falta" do competidor pode ser o seu diferencial. (Assim como a sua falta pode ser o diferencial em que um competidor vai ganhar seus clientes.)

Fique à vontade para pular este passo se quiser, mas eu realmente gosto de fazer isso quando quero criar uma oferta diferenciada.

Porque agora nós chegamos à segunda opção, que é começar a rever todos os passos da sua comunicação.

Vamos começar pelo seu produto ou serviço em si.

Suponha que seja um curso. Para o exemplo ficar mais palpável, imagine que se trata de um curso sobre finanças.

Qual o seu grande diferencial? O que torna você diferente do seu concorrente? O que torna você único?

O ideal é conseguir encontrar seu "Mecanismo Único".

Por exemplo, há milhares de cursos sobre finanças por aí. Mas o meu é diferente porque uso o método *NYTrade*.

Ou seja, essa é a maneira única como realizo meu trabalho.

Lógico, há várias nuances.

Um terapeuta que trabalha com várias terapias não vai conseguir se diferenciar falando que trabalha com shiatsu, acupuntura e quiropraxia. Mas o terapeuta que aplica o Método SAQ é único. São as mesmas terapias, mas combina shiatsu, acupuntura e quiropraxia em uma.

Sim, acabei de inventar isso, mas essa é uma forma real de se diferenciar no mercado.

Se criar um diferencial por meio de um "método" é desafiador, **você também pode se diferenciar de acordo com o público que você atende.**

Uma escola de dança que frequentei é especializada em dança de salão para pessoas com mais de 50 anos. Também conheci uma outra que é especializada em "terceira idade", atraindo um público ainda mais velho.

Serviço de passeador de cães pequenos. Criação de galinhas orgânicas em cidades grandes. Fotografia para crianças.

Consegue ver que esses são diferenciais de posicionamento, e que atingem públicos específicos?

E ainda podemos ir além.

O que você realmente entrega?

Vamos voltar ao método *NYTrade* de finanças.

Um dos "entregáveis" do curso pode ser algo como: "Planilha Excel para registrar a compra e venda de ações."

Isso empolga você? Pois é, nem a mim.

Mas e se você entregar um "Contador Pessoal que realiza todos os cálculos das ações para você"?

Bem mais interessante, não é mesmo?

Veja como você pode transformar cada um dos seus entregáveis em algo único e empolgante.

Você não está vendendo uma camiseta.
Você está vendendo uma maneira única de expressar sua personalidade, sua grandeza e seu caráter, para mostrar ao mundo a pessoa única que você é.
Uma rifa não é uma rifa, é uma oportunidade de ajudar uma instituição e de concorrer a um prêmio incrível enquanto faz o bem.
Entende como tudo é uma questão de perspectiva?
Aqui estou falando sobre negócios em geral, mas pense na sua situação específica:
O que você pode entregar para fazer seu cliente...

- alcançar os resultados mais rápido?
- dominar uma área do conhecimento?
- implementar mais rápido a solução?
- "consertar o avião enquanto ele está voando"? (Por exemplo, para alguém que se afundou em dívidas, ou para promover uma "auditoria de campanhas de tráfego".)

E por que cada um desses entregáveis é importante?

"Você recebe os 5 e-mails mágicos, com os modelos em formato Word. Hoje mesmo você pode enviar um desses e-mails para sua lista e receber de volta todo o valor que está investindo — e, potencialmente, muito mais."

Quem não gostaria de comprar um curso e receber e-mails como esse? (Que inclusive existem e estão guardados na minha "caixa de ferramentas".)

Outro ponto para considerar é como você pode remover objeções do seu cliente.

Por exemplo, se você não tem uma lista de e-mails, essa pode ser uma objeção para você não comprar o curso de e-mails, certo?

Então, podemos adicionar como bônus o treinamento intensivo *"Construa Sua Lista com Pessoas que Querem Comprar de Você em 1 Semana"*.

Assim como outra objeção comum: *"WhatsApp 3x: triplique suas conversões do WhatsApp usando as mesmas técnicas do e-mail."*

E ainda pode resolver uma situação futura: *"Como receber depósitos de R$ 1.000 ou mais todos os meses com sua lista."*

Você percebe que aqui estou criando uma oferta tentadora?

Dar esses exemplos de e-mails até me faz ter vontade de relançar o meu antigo curso! Quem sabe um dia?

Toda essa construção é para você mostrar ao seu cliente que sua oferta é superior, nova ou diferente em relação ao que ele já viu antes.

Ajude seu cliente a ver em quanto tempo ele perceberá a transformação na vida dele, em quanto tempo vai começar a ter resultados.

Mostre para ele que existe um caminho que pode ser seguido com menos dificuldade. (Não é necessariamente fácil, mas é possível seguir com mais facilidade — porque o seu cliente saberá o caminho.)

Você reparou que até agora não falei nada sobre o preço do seu produto ou serviço?

Porque essa é a menor das barreiras, e, independentemente do seu preço, você ainda pode criar condições favoráveis que vão deixar sua oferta tentadora.

A primeira é a "reversão de risco", ou a famosa garantia:

"Ou você fica 100% satisfeito, ou devolvo seu dinheiro."

Não tenha medo de ser agressivo se você confia no seu produto ou serviço:

"A minha garantia é bem simples: Ou você ama o que eu te ofereço em 30 dias, ou devolvo seu dinheiro.

"Se ao final de 90 dias você tiver aplicado tudo que ensino, me mostrar que realmente fez tudo da maneira que ensinei, e mesmo assim estiver insatisfeito, devolvo o dobro do que você investiu. Ou seja, de qualquer forma você sai com mais dinheiro."

Uso muito isso para ofertas ligadas a "ganhar dinheiro": se a pessoa realmente usar o que é ensinado e provar que não serviu de nada, o valor financeiro é devolvido.

Por muitos anos dei "1 ano de garantia incondicional", e apenas uma pessoa pediu o dinheiro de volta depois de 3 meses (e, no total, menos de 5% pediam reembolso).

Por último, você pode manter seu preço, mas oferecer termos e condições melhores. Por exemplo, um investimento de R$ 2.000, parcelado em 12 mensalidades de R$ 166, que não comprometem muito o limite do cartão.

Esses elementos fazem parte da construção de uma oferta irresistível. Uma oferta tão boa que é quase impossível resistir.

Dessa forma, querido amigo e querida amiga, você não apenas atrairá mais pessoas para seu negócio, como também aumentará muito suas vendas.

É óbvio que há outros elementos, como, por exemplo, propor um motivo para agir de imediato, criar algum formato de escassez, mas são elementos extras que você pode adicionar contexto a contexto.

Para saber o que realmente está gerando impacto nas suas vendas, você precisa constantemente testar.

Testar, testar e testar.

E é disso que vamos falar na próxima Carta.

À Sua Riqueza e Felicidade!

Gustavo Ferreira

P.S.: Há mais alguns elementos importantes que quase sempre aumentam a sua conversão. Recomendo que você procure usá-los sempre que possível.

Um deles é adicionar depoimentos de pessoas que já usaram seu produto. Se possível, procure usar depoimentos que descrevem situações que seu cliente em potencial também vivencia: "Eu estava passando por isso, e o produto me ajudou de tal forma."

Outro recurso é adicionar um FAQ, ou seja, perguntas frequentes. Quais dúvidas seu cliente pode ter sobre você e seu produto?

Por último, compare seu produto com concorrentes ou com outras versões dele mesmo. Por exemplo: "Meu produto tem A, B, C, D e E; outros têm A, B e E", ou "1 unidade você paga R$ 30, 3 unidades você paga R$ 50 (melhor valor)".

Detalhes — meu amigo, minha amiga —, mas detalhes incrementais, que elevam suas vendas a um patamar cada vez mais alto.

P.P.S.: Mais uma alucinação do "marketing digital dos gurus": alguns dizem que, se você não tem de 10% a 20% de devolução do seu produto, você não está puxando o suficiente (ou seja, você pode ser mais agressivo na sua comunicação).

Discordo. Eu acredito que você deve criar algo tão incrível para seu cliente que ele não apenas vai amar como vai fazer o possível para não pedir o dinheiro de volta, mesmo tendo que fazer um investimento alto.

Concordo, sim, que muitas campanhas podem ser mais agressivas. Mas a qualidade do produto e a satisfação do cliente vêm em 1º lugar.

Em uma campanha, nós começamos a entrar em contato por telefone com todos os leads potencialmente interessados na oferta que mostramos. Como estávamos com vendas baixas, decidi eu mesmo falar com alguns clientes diretamente por telefone para entender o que estava acontecendo e melhorar o script.

Percebi que muitos clientes realmente queriam, mas o investimento era alto e para alguns poderia comprometer de verdade até a alimentação deles.

Eu poderia "apertar alguns botões" e conseguir algumas vendas extras, mas decidi que não valia a pena criar uma carga emocional tão pesada como essa.

Meus melhores clientes sempre compram porque desejam comprar, e não porque têm medo de perder uma oportunidade.

Em muitas campanhas que faço não consigo muitas vendas no último dia, porque as pessoas já estavam tão animadas com a promessa de transformação que teriam que não precisaram esperar para agir.

Esse é o tipo de comunicação que sempre procuro desenvolver.

P.P.P.S.: Como já mencionei, tenho mais livros dedicados especificamente a ajudar você a vender (*Gatilhos Mentais*, *Palavras que Vendem*, *E-mails que Vendem* e *Story$elling*).

No entanto, se você quer um "curso expresso" de vendas (seja para anúncios e "páginas ou vídeos de vendas"), aqui está um roteiro macro de 12 passos:

1. Chame a atenção.
2. Identifique o problema.
3. Apresente a solução.
4. Mostre suas credenciais.
5. Mostre os benefícios.
6. Dê prova social.
7. Faça sua oferta.
8. Coloque escassez.
9. Dê garantia.
10. Chame para a ação.
11. Dê um aviso.
12. Termine com um lembrete.

Se é um anúncio, você não precisa enfatizar itens como garantia, mas pode chamar seu cliente para "ver a condição especial", ou se inscrever na sua lista.

Esse roteiro é bem amplo, mas tem os elementos principais que você pode usar.

E não precisa ir muito longe. Se você é um médico, por exemplo, diga "Você sente [isso]? Pode ser por [esse motivo], e eu posso te ajudar! Agende uma consulta."

O segredo está na simplicidade.

P.P.P.P.S.: Ah, e aqui estão mais algumas "dicas ninja matadoras" para você vender mais:

1. Pergunte aos seus clientes o que eles MAIS gostam no produto (e o que queriam que fosse melhorado).

2. Pergunte aos seus não clientes qual é a maior dor e desejo deles.
3. Ajuste sua oferta para reforçar do que seus clientes mais gostam, e mostre como isso resolve a dor e o desejo deles.

P.P.P.P.P.S.: Sabe o que mais gosto nesses PS's? Posso mudar levemente de assunto, sem atrapalhar a mensagem principal. Tente usá-los alguma vez, é viciante.

Agora, para encerrar esta Carta, quero trazer uma forma muito especial que aprendi para vender por meio das redes sociais, e é o que tenho priorizado.

Imagine que você tem 500 seguidores no Instagram (ou 1.000, ou 2 mil, não importa).

Envie uma mensagem para eles. Simples assim.

Agradeça por eles te seguirem, comentarem ou curtirem suas publicações.

Pergunte se eles estão te seguindo por seu conteúdo ou porque querem "crescer a própria empresa", "emagrecer", ou qualquer que seja o seu "produto", peça para eles falarem mais sobre si mesmos...

Entenda a situação deles. Identifique a real necessidade de cada um.

Veja se são seguidores qualificados (ou seja, pessoas que você pode realmente ajudar com seu produto ou serviço) e pergunte se querem sua ajuda. E então faça sua oferta.

Se você estabelecer uma comunicação como essa com todos os seus seguidores (e criar conteúdos como os que já expliquei), você conseguirá MUITAS vendas.

Sim, estou falando para você falar de forma pessoal e direta (por mensagem mesmo) com seus clientes. Todas as estratégias de marketing servem para você criar essas "aberturas" de conversa, e falar diretamente com quem realmente está interessado.

Ao abrir conversas como essa, lembre-se de que existem 4 etapas da venda:

1. Entenda a situação do seu cliente.
2. Identifique uma necessidade.

3. Faça uma oferta (se for uma pessoa para quem você realmente pode e quer vender).
4. Lide com objeções.

Esses 4 passos são a única coisa que você precisa saber para começar a vender.

Neste link você pode fazer o download de um dos meus frameworks de venda que segue essa estrutura: cartasdeouro.com.br/presente

---

Exercício proposto

- Quais as maiores dores e dificuldades do seu público?
- Como você pode deixar sua oferta irresistível?
- O que pode ser seu "Mecanismo Único"?
- Como você "reverte o risco do seu cliente"?
- Faça seu primeiro anúncio.

Carta 4

TESTADORES FANÁTICOS

Como criei 804 anúncios diferentes para uma campanha que faturou US$ 4.900.000 • O poder dos 10% para aumentar 101% seu resultado • Como melhorar seu relacionamento, sua saúde e sua vida

Querido amigo e querida amiga,

Exatamente no dia em que escrevo esta Carta, uma das campanhas que rodo com um cliente conseguiu US$ 21.000 de lucro. Em apenas 1 dia.

Esse ainda é um dia que consideramos "baixo", rodando cerca de 18 dos nossos melhores anúncios em 3 páginas de destinos diferentes.

Nos dias "altos", investimos US$ 100.000 por dia, testando 50 novos anúncios de uma única vez.

Em muitas campanhas que rodei eu obtive sucesso dessa forma.

Algumas foram um grande sucesso desde o começo, mas em outras levei mais tempo para acertar a mão.

Por conta do meu sucesso, muitos me disseram que sou um ótimo copywriter, e realmente desenvolvi muitas habilidades (afinal, já escrevi 4 livros sobre persuasão).

Mas meu sucesso não vem de ser "o melhor copywriter". Meu sucesso vem de ser um grande estrategista... E um fanático.

O que quero dizer com isso?

Eu nunca assumo que o lugar em que estou hoje é o meu limite.

A pergunta que sempre me faço é: Como posso melhorar?

Por exemplo, imagine que você tem um restaurante e cada cliente, em média, paga R$ 50 por refeição.

Então, se você recebe 100 clientes em um dia, pode estimar um faturamento aproximado de R$ 5.000.

Como isso pode ser melhorado?

Será que melhorar a imagem do prato principal (e mais caro) no cardápio fará as pessoas preferirem esse prato em vez de outro de menor valor?

Será que, mudando a ordem de apresentação do cardápio, posso direcionar as pessoas a outras escolhas?

Será que, se eu mudar as cores do cardápio, a disposição das mesas, o letreiro na fachada, a disposição de produtos perto do caixa, consigo aumentar o faturamento?

Acho que você entendeu por que eu disse que sou um fanático.

Já testei scripts de telefone, scripts de venda 1 a 1, a sequência em que apresento os assuntos em uma aula e até mesmo saudações e despedidas, pessoais e por e-mail. Isso porque eu considero todas as possibilidades de melhorar o resultado.

É lógico, em um restaurante, em uma loja física, é mais desafiador testar um grande número de possibilidades como essa, mas temos uma vantagem chamada internet.

Hoje podemos testar diversas possibilidades com algumas dezenas de reais e saber quase que ao mesmo tempo qual o resultado de nossos testes.

Antigamente era impossível testar tantas variáveis em tão pouco tempo.

Mas e hoje? Hoje é a melhor época para isso.
Em 2023, em apenas uma campanha nós testamos 804 variações diferentes de anúncios.

Mas como fazemos esses testes?

Veja... esta Carta é um pouco mais avançada e técnica em sua essência, mas o princípio é o mesmo: você precisa de um cenário de "controle", e vai testar alguma abordagem diferente para ver se consegue melhorar.

Vou mostrar o cenário complexo primeiro, e depois seguimos para o mais simples.

Em primeiro lugar, você precisa de uma métrica de referência, que será o seu "controle".

Por exemplo, imagine que você está testando uma landing page que vai capturar informações de contato (nome, e-mail e telefone). A cada 100 cliques, 25 pessoas preenchem o formulário.

Ou seja, 25% de opt-in é seu controle. Vamos chamar de "A".

Como você realiza um teste? Na maioria das vezes, você deve testar apenas uma variável por vez.

Então, você cria uma cópia da sua página de controle e altera um elemento dela, por exemplo, a headline.

Você **continua** enviando tráfego para sua página de controle e envia a mesma configuração de anúncios para a nova página — vamos chamar de "B".

Imagine que você conseguiu o seguinte resultado:

- Página "A" (controle): 1.000 cliques, 25% de opt-in.
- Página "B" (headline 2): 100 cliques, 20% de opt-in.

Isso significa que a headline que você testou piorou os resultados.

E você repete continuamente esse processo, até encontrar uma configuração que vença.

Por exemplo, imagine que você fez mais alguns testes e chegou ao seguinte resultado:

- Página "A" (controle): 1.000 cliques, 25% de opt-in.
- Página "B" (headline 2): 100 cliques, 20% de opt-in.
- Página "C" (headline 3): 100 cliques, 25% de opt-in.
- Página "D" (headline 4): 100 cliques, 30% de opt-in.

A página "D" tem um grande potencial de melhorar seu resultado.

Antes de assumir que esse é o vencedor, aumente a Escala do teste. Seria algo mais ou menos assim:

- Página "A" (controle): 1.000 cliques, 25% de opt-in.
- Página "D" (headline 4): 500 cliques, 28% de opt-in.

Muitas vezes, quando aumentamos o volume, as métricas de conversão diminuem. Esses 3% de incremento valem a pena?

Depende muito do seu cenário como um todo.

Em uma das campanhas, em que gero mais de 3 mil ligações por dia para um call center, 1% a mais ou a menos de conversão é o diferencial entre lucro e prejuízo, ou entre uma margem saudável e uma apertada.

Em outras campanhas, 3% de incremento não gera um impacto tão significativo, e prefiro encontrar alguma configuração que gere um resultado maior e justifique a mudança.

Há várias maneiras de desenvolver seu ciclo de testes.

Você poderia pegar a sua página "D" e fazer MAIS testes em cima dela, por exemplo, alterando cores, o texto dos botões, uma nova imagem, um novo vídeo, sempre testando um elemento por vez.

Então você poderia ter testes como os seguintes:

- Página "D" (headline 4): 500 cliques, 28% de opt-in.
- Página "D-c2" (headline 4, cor 2): 100 cliques, 28% de opt-in (ou seja, a cor não alterou o resultado).
- Página "D-c3" (headline 4, cor 3): 100 cliques, 27% de opt-in.
- Página "D-c4" (headline 4, cor 4): 100 cliques, 29% de opt-in.

E o processo se repete.

Particularmente, prefiro sempre buscar primeiro as grandes variações e só depois testar as microvariações.

O que são as grandes variações?

Testar os elementos "grandes".

No mesmo exemplo da página de captura, a headline é um dos principais elementos a serem testados (e geralmente ela é grande no topo da página).

As imagens ou vídeos também são elementos grandes. Algumas páginas também têm elementos como depoimentos, que também são considerados grandes.

Como defino o que é "grande"? É algo que salta aos olhos.

Basta abrir qualquer página no seu computador ou celular. O que salta aos olhos, o que chama sua atenção? É isso que deve ser testado.

A Netflix é um exemplo bem interessante.

Muitas vezes essa plataforma muda a capa dos filmes que estão disponíveis, para ver se assim eles são assistidos por mais pessoas.

Por que estou falando disso? Significa que você deve testar absolutamente tudo no seu negócio?

Sim e não.

Sim porque você sempre tem pontos para melhorar. E não porque você não precisa testar necessariamente *tudo*.

Uma visão de negócios que aplico em minha vida e em todas as empresas é o da "melhoria exponencial".

Vamos expandir um pouco a visão para além de uma única página que está sendo testada.

Vamos olhar o processo completo de alguém que "vê um anúncio" até o momento em que compra.

Estes são alguns dos elementos envolvidos:

1. Anúncio.
2. Landing page do produto.
3. Checkout.
4. Pagamento.
5. Confirmação de venda.

Imagine que você investe R$ 10.000 para 10 mil pessoas verem seu anúncio, 3 mil chegarem a sua landing page e 150 comprarem um produto de R$ 100.

Calma, eu faço a matemática. Estou simulando um cenário no qual você investe R$ 10.000 e fatura R$ 15.000.

É bom, certo?

Mas... e se você melhorar apenas 10%?

Cenário Inicial	Cenário Melhorado em 10%
10 mil pessoas	11 mil pessoas
R$ 10.000 de custo	R$ 9.000 de custo
150 clientes	165 clientes
R$ 100 por venda	R$ 110 por venda
R$ 15.000 de faturamento	R$ 18.150 de faturamento
R$ 5.000 de "lucro"	R$ 9.150 de "lucro"

Apenas com esse exercício você quase dobrou seu lucro.

A pergunta é... isso é realmente possível?

Sim, isso é possível (e é o que faço nas empresas).

Por exemplo, se o seu anúncio é em vídeo, você pode testar um "gancho" inicial (os primeiros 2 segundos) diferente, que fará mais pessoas se interessarem e continuarem assistindo ao vídeo.

Apenas isso já tem a tendência de aumentar o alcance e diminuir seu custo por clique.

Você pode incluir um "produto extra" no momento da venda, que oferece valor para seu cliente e aumenta seu faturamento. É o equivalente às fritas grandes por mais R$ 1.

Isso porque não coloquei na conta "aumentar a quantidade de pessoas que vão para o checkout" nem "melhorar a página de confirmação de pagamento" para oferecer um novo produto.

Em situações reais, também olhamos o impacto de remarketing, abertura e cliques de e-mails, e os pequenos incrementos que podem melhorar seu resultado como um todo, além da própria construção e dos elementos da oferta.

Agora você consegue entender a importância de realizar testes? Pequenos incrementos em diversas partes da sua jornada podem levar a grandes resultados.

Estatisticamente, você precisa de 10 a 20 testes para conseguir um incremento de 7% em um determinado elemento. Foi por isso que recomendei testar os elementos grandes primeiros.

A cada 30 testes de anúncios que faço, encontro de 1 a 3 "grandes vencedores".

Você pode testar:

- Introdução.
- Finalização.
- Imagens/vídeos.
- Público-alvo ("atenção, mães" x "atenção, pais").
- Localização.
- Idade.
- Elementos de "copy", como headline e descrição do anúncio.
- Cores-base do anúncio.
- Voz masculina ou feminina.
- Botão de chamada de ação.
- Script como um todo (se for um vídeo).

Lembra que falei que criei 804 anúncios diferentes em uma campanha específica?

Boa parte desses anúncios era única (cerca de 50 scripts únicos), mas testamos diversas variações deles analisando diversas possibilidades de otimização.

Dos 804 anúncios, tivemos 18 "grandes vencedores" (na verdade até tivemos mais, cerca de 30, mas tivemos que parar devido a regras de compliance estabelecidas para essa campanha).

Em geral, testo de 3 a 10 landing pages por campanha até encontrar uma com a "conversão ideal".

Quanto às landing pages, você pode testar:

- Headline.
- Imagem ou vídeo.
- Cores diferentes no fundo.
- Chamada de ação.
- Cores de botões.
- Tamanho de textos.
- Destaque de subtítulos.
- Elementos de prova e/ou prova social.

Quanto aos e-mails, você pode enviá-los para "partes" da sua lista antes de enviar para sua lista completa.

Nos e-mails, você pode testar:

- Linha de assunto (para aumentar a taxa de abertura).
- Preview do e-mail.
- Chamada de ação.
- Cores de subtítulo.
- Cores de botão ou links.

Na sua oferta (além da página em si), você também pode realizar diversos testes:

- Garantia.
- Prova social.
- Prova.
- Novos bônus.
- Preços ou termos diferentes.
- Nome da oferta (sim, até mesmo isso pode influenciar).
- Entregáveis.

Esse processo de otimização ainda pode ser aplicado em diversos contextos.

Por exemplo, imagine que você tem um vendedor que segue um script ao ligar para empresas.

Você pode medir que, "a cada 20 empresas, consegue agendar 1 reunião".

Você também pode testar scripts diferentes de abordagem e ver se o número de reuniões aumenta ou diminui.

Mesmo tendo processos definidos de vendas, eventualmente gosto de testar novas abordagens para saber se consigo melhorar ainda mais.

Até mesmo grandes influencers fazem diversos testes, como música de fundo, ângulo e o que falam no começo e no fim dos vídeos.

Um grande erro de muitos empreendedores é não realizar testes suficientes.

Meu amigo e minha amiga empreendedores, não cometa esse erro.

Você não precisa ser tão fanático como eu, mas sempre comece o seu dia pensando: "Como posso melhorar?"

Expandindo esse contexto, isso pode até ser aplicado na sua vida de outras maneiras. Como você pode melhorar sua saúde? Seu relacionamento? Melhorar em uma habilidade (como um idioma, ou instrumento)?

Não estamos buscando a perfeição, mas a melhoria contínua.

Assim como o seu motor de tráfego, essa mentalidade de otimização constante faz parte de mais uma das bases do seu negócio.

É a base para você começar a escalar para níveis ainda mais altos.

E é disso que vamos falar na próxima Carta.

À Sua Riqueza e Felicidade!

Gustavo Ferreira

P.S.: Caso esteja se perguntando se você precisa mesmo fazer testes, a resposta é sim.

Mesmo que não atue com a intensidade que eu propus, tenha a seguinte mentalidade: **se você fizer as mesmas coisas, terá os mesmos resultados.**

Isso é loucura, principalmente se você ainda não chegou aonde quer chegar.

Aprendizado é obter resultados diferentes nas mesmas situações.
Apenas fazendo testes você conseguirá resultados novos.

Por isso também sou contra fazer "o que todo mundo está fazendo". Enquanto todos estão olhando para um lado, estou olhando para o outro.

Adoro quando me perguntam por que eu uso pouquíssimo as redes sociais. Iniciei o ano de 2024 com 2 mil seguidores no Instagram e tenho mais de 250 mil livros vendidos! Esse é um argumento de prova de que não preciso seguir os outros e de que sou responsável pelo meu próprio caminho.

É como sempre digo: você não precisa de redes sociais. Elas são apenas mais uma peça no tabuleiro do mundo dos negócios.

P.P.S.: Criar uma mentalidade de testes exige desapego.

Muitas vezes lidei com clientes que disseram que não acreditavam que o que eu estava propondo iria realmente funcionar. Eles afirmavam que tinham uma ideia diferente.

Minha resposta sempre foi: "Vamos testar."

Se o cliente estivesse certo, ele ficaria feliz por estar certo, e eu também (porque eu também ganharia dinheiro).

Se eu estivesse certo, nem precisaria enaltecer minha vitória, só mostraria quanto dinheiro fizemos a mais.

Uma campanha teve quase 3x mais vendas seguindo o "meu jeito", tudo provado com números.

Não tenho apego a nenhuma criação. Em casos como esse, rodo paralelamente diversos cenários, e depois foco a energia no vencedor.

Vejo muitos copywriters com a mentalidade de que o papel deles é "escrever".

Sim, essa é a maneira de eles fazerem o próprio trabalho.

Mas se você se limitar a escrever sem analisar se sua comunicação está funcionando ou não, não terá como melhorar.

P.P.P.S.: Conforme prometi no começo desta Carta, agora vou simplificar todo o contexto de testes.

Como é um mecanismo comum para a maioria das pessoas, use suas redes sociais.

Faça uma publicação do jeito que você já está acostumado e veja quantas curtidas (ou qualquer outra métrica importante) você teve.

No dia seguinte, mude um elemento (por exemplo, adicione música). Veja quanto isso altera a métrica de referência.

No outro dia, adicione uma frase de destaque ao vídeo.

Faça isso até encontrar a combinação de elementos que aumentará suas vendas.

Isso é um teste de "chamadas de vendas".

Por exemplo, na época do lançamento do meu livro *Gatilhos da Alma* publiquei uma série de vídeos organicamente em minhas redes. Eu estava testando a mensagem que me conectaria melhor com o público.

Os vídeos que tiveram maior engajamento (e vendas) foram utilizados como anúncios depois!

Também já fiz o caminho inverso: primeiro testei 15 vídeos como "anúncios" e os que funcionaram melhor foram para o meu Instagram, impulsionados a partir do meu perfil.

O que quero que você entenda é: mantenha-se constantemente testando e medindo os resultados das suas ações.

Lembre-se: basta incrementar 10% em todo o seu Funil e você terá um crescimento exponencial.

TESTADORES FANÁTICOS

> ### Exercício proposto
>
> - Não precisa ser tão fanático como eu, mas tente pensar: O que você pode testar hoje na sua empresa que pode mudar seu resultado?

Carta 5
ESCALA

Atração massiva de clientes • Como fazer seu negócio crescer, mesmo sendo um negócio físico • Ofertas autoliquidantes: a estratégia McDonald's de upsell reverso • Pressão de preço que vende 3,47 vezes mais e a estratégia que dobrou o tamanho de uma comunidade em 3 semanas • Como compartilhar amor trouxe 20% dos meus clientes

Querido amigo e querida amiga,

Em 2019 recebi uma mensagem de uma pessoa que fornecia consultoria individual para alunos que queriam passar em concursos públicos.

A agenda dele já estava lotada (e a de outros profissionais que também faziam esse trabalho) e ele queria me contratar para crescer.

Minha resposta foi:

"Eu não posso fazer você crescer mais nessa situação. Encontre uma maneira de tornar o seu trabalho replicável para mais pessoas, e nos falamos novamente."

6 meses depois, ele havia transformado a consultoria individual em um método de estudos de 3 a 12 meses e vendia em um formato mensal no qual os alunos recebiam um PDF com "o que estudar por semana".

No momento em que ele me chamou novamente, já tinha feito quase R$ 200.000 em vendas com esse novo método.

Quando falamos de Escala, este é o objetivo: encontrar uma maneira de fazer crescer o seu negócio, de preferência de maneira exponencial.

Há situações que não são escaláveis tão naturalmente.

Por exemplo, uma academia está limitada à capacidade física de alunos que comporta. Mas esse negócio poderia escalar por meio de filiais, ou até mesmo abrindo programas de treinamento on-line.

Restaurantes também estão limitados à capacidade de pessoas e de produção da cozinha.

As filiais são uma opção, mas também é possível aumentar a capacidade usando "dark kitchens", cozinhas "escondidas" que podem preparar os pratos e enviar para entrega, além de vender diretamente on-line ou por aplicativos.

Franquias são igualmente uma opção, mas você precisa de processos muito bem desenhados para isso. Até mesmo para abrir filiais você precisa que todas elas funcionem da mesma maneira, mas as franquias precisam ser altamente detalhadas. (Veja a Carta "Como Comprar Tempo".)

Lojas que vendem itens físicos podem procurar redes de distribuidores ou criar parcerias estratégicas que permitam que o produto entre em novos mercados.

A dona do estúdio de pilates que frequento virou sócia de uma padaria artesanal, e boa parte das vendas da padaria vem de alunos do estúdio.

Negócios "físicos" são mais desafiadores, mas têm muitas possibilidades também.

Por exemplo, imagine que você também tem um estúdio de pilates ou ioga e quer preencher os horários vagos. Você sabe que cada aluno paga, em média, R$ 2.000 por ano para você (na próxima Carta vamos falar sobre números).

Você pode fazer parcerias com lojas na sua região que vendem roupas esportivas. Para cada R$ 200 em compras dos clientes nessas lojas, eles recebem um voucher de 1, 2 ou até 3 meses de aulas gratuitas.

As lojas parceiras terão um ótimo bônus para dar aos seus clientes, e você potencialmente estará ganhando muitos novos clientes.

Quando vamos para o mundo digital, as possibilidades aumentam.

Já dei o exemplo de um cliente que transformou uma consultoria individual em um produto que pode ser vendido para um número muito maior de clientes.

Os infoprodutores têm uma gama muito maior de possibilidades, mas mesmo prestadores de serviço também podem crescer. Por exemplo, meu trabalho de consultoria para empresas começa a partir de R$ 15.000, em um trabalho de 4 a 8 horas, dependendo do caso.

Para quem não pode pagar, mas reconhece o meu valor, posso vender estas Cartas (que são a base do meu pensamento).

Se quiser algo um pouco mais avançado, posso recomendar algum outro produto ou serviço intermediário que seja mais acessível, como uma ferramenta de auditoria da empresa que o cliente mesmo pode aplicar e que fornece um feedback, por exemplo. Ou mesmo uma consultoria de "1 hora" ou de "15 minutos", como uma "turboconsultoria" que tratará temas específicos de forma hiperfocada.

Você percebe que até mesmo uma loja de roupas pode oferecer um serviço de "curadoria de estilo" para clientes? Nem todos vão contratar, mas é algo que pode te ajudar a faturar e crescer cada vez mais.

Quero que você comece a pensar nos tipos de oferta que pode criar para seu negócio, atendendo públicos distintos.

Hoje quero começar a te mostrar como você pode crescer, principalmente para trazer o maior número de clientes para você.

Nas próximas duas Cartas, "A Casa do Dinheiro" e "Seu Funil Monstro", vou mostrar como você pode não apenas crescer, mas também lucrar ainda mais (afinal, não adianta nada faturar R$ 1.000.000 se o seu lucro for zero).

Na Carta "Seu Motor de Tráfego" sugeri que você criasse um "caminho validado", no qual as pessoas veem um anúncio seu e compram em seguida.

Por que isso é importante? Porque dessa forma você consegue dizer que, se você investe R$ 100, tem R$ 150 de faturamento (e R$ 50 de lucro nessa operação).

Enquanto o dinheiro que você investe é menor do que o dinheiro que você ganha, você pode continuar trazendo novos clientes.

Lógico, se tiver apenas uma oferta, ficará limitado no seu crescimento (e por isso as próximas Cartas devem ser lidas com bastante atenção).

Mas por enquanto quero que você veja como pode crescer 2, 5 e até 10x em relação ao ponto em que está hoje.

Existe um conceito chamado "ofertas autoliquidantes". Também chamadas de "produtos de entrada", muitas vezes essas ofertas têm um valor baixo (menor que R$ 100), mas isso não é regra (um produto de entrada pode ser de R$ 2.000).

Qual o objetivo de uma oferta autoliquidante?

Simples: recuperar o dinheiro que você investiu em tráfego pago.

Tecnicamente, você estará atraindo clientes "de graça" para seu negócio.

Uma lista de "compradores" é melhor que uma lista de "seguidores" (e até mesmo de "leads" — pessoas que deixam suas informações de contato para receber algo de você).

Porque quem já comprou de você tem uma tendência muito maior de comprar novamente.

Por isso você precisa ter outras ofertas disponíveis. Essa primeira oferta não vai gerar lucro, mas vai criar sua base para novas vendas para pessoas que já compraram.

Qual a minha oferta favorita para isso? Livros.

Não é à toa que este já é o meu 6º livro.

E por que essa é uma oferta boa?

Porque as pessoas sabem o que é um livro (não preciso explicar o que é um livro), porque o livro tem valor baixo e é uma venda simples de fazer (você só precisa mostrar por que o livro é interessante).

Você também pode adicionar um bônus (como uma aula em vídeo sobre o livro) para deixar a oferta mais tentadora.

Lembre-se: o objetivo aqui não é "ganhar dinheiro", e sim criar uma lista de compradores.

Se você não tem um livro, pode oferecer qualquer produto de baixo valor (gosto de trabalhar na faixa de R$ 50, mas já tive sucesso com produtos até R$ 500).

Por exemplo, já tive sucesso vendendo uma masterclass por R$ 7 que foi vendida anteriormente por R$ 500.

Você também pode pegar um produto físico (seja uma peça de roupa, seja uma pizza) e vender pelo menor valor possível.

Se você quer ser ainda mais agressivo, pode trabalhar com "pague apenas o frete": você oferece o produto "de graça" e as pessoas arcam somente com o valor do frete. Algumas plataformas também permitem que o cliente "pague quanto quiser".

Se você não tem um livro, pode até mesmo ser um prato promocional, uma peça de roupa ou uma "versão expressa" do seu serviço, ou de um curso que você oferece.

Qual a chave para isso funcionar?

1. Você precisa ter os dados dos clientes e se comunicar com eles (e-mail marketing é ótimo para isso, mas mensagens de WhatsApp também funcionam, assim como stories e mensagens diretas nas redes sociais).
2. Você precisa ter mais ofertas para vender em seguida.

No exemplo do "pague apenas o frete", na página de checkout você pode oferecer outro produto que pode ser vendido junto (seja um produto físico, seja um produto digital), completando a oferta.

Após a confirmação de venda, você pode oferecer um upsell para as pessoas participarem de um grupo fechado no qual você toda semana dá aulas sobre o assunto (ou apenas "aulas extras" como aulas gravadas).

Dessa forma, mesmo que "empate" na oferta autoliquidante (ou tenha um pequeno prejuízo), você consegue recuperar seu dinheiro e crescer ainda mais com as próximas vendas.

"Mas isso vai funcionar para o meu negócio?"

Já atuei em dezenas de empresas... já ajudei milhares de empreendedores com os meus cursos (e muitos mais com os livros)...

A resposta é sim.

Você pode fazer uma promoção "Leve 2 pelo preço de 1". Ou, se for o caso, pode oferecer uma promoção especial para um prato novo no seu restaurante.

Se você tem um curso ou serviço de R$ 500, por exemplo, pode oferecer uma "degustação" por R$ 50.

Tudo depende do que você é capaz de oferecer "na hora" e "depois".

Querido amigo, querida amiga, uma coisa que aprendi nesses anos é que o maior inimigo dos empreendedores é a nossa própria mente, nosso psicológico.

Nós ficamos imersos em nossos medos e deixamos que eles nos impeçam de crescer.

Ficamos com medo de chamar pessoas para nos ajudar porque "elas não são boas o bastante e só eu faço tudo perfeitamente". Ficamos com medo de fazer uma oferta agressiva, de expor nossas opiniões e valores, de contratar alguém, de investir em tráfego...

Eu sei que falar para você investir R$ 10.000 em anúncios todos os meses pode ser psicologicamente alto.

Em 2020, um dos meus mentores de negócio disse o seguinte: "É na hora das crises que vemos quais negócios são sólidos e quais são mal administrados."

As crises permitem às pessoas assumirem as rédeas do próprio negócio, e aquelas que aproveitam saem MELHORES que antes.

Quanto melhor você cuidar do seu negócio, tornando-o sólido, mais poderá crescer.

Se você já tem um fluxo de engajamento nas redes sociais, faz alguns anúncios e tem clientes, minhas perguntas são:

- Você está se comunicando com quem engaja com o seu conteúdo por meio das suas redes sociais, mas ainda não é seu cliente? (Sim, envie mensagens para todos!)
- Você tem uma campanha de remarketing para todos que chegam até o seu site? (Lembra da campanha-base de anúncios?)

- Você se relaciona tanto com quem já comprou como com quem ainda não comprou de você?
- Você VENDE para quem ainda não comprou e para quem já comprou?
- Essas são algumas perguntas que sempre estão presentes em minhas consultorias, e elas são capazes de destravar rios de dinheiro.

Até aqui trabalhamos para criar algumas bases sólidas para o seu negócio (por isso falamos de motores de tráfego e de fazer seus clientes comprarem).

Nesta Carta estamos falando de Escala: Como você consegue atrair um número maior de clientes?

Todo esse trabalho é parte da base que vai permitir que o seu negócio seja ainda mais lucrativo.

Então, antes de irmos para as próximas Cartas (que é onde está o verdadeiro $$$), quero trazer mais algumas situações simples que podem te ajudar a alcançar uma Escala muito maior.

Particularmente não gosto muito de sorteios nas redes sociais, mas eles são muito efetivos para trazer pessoas que já se interessam pelo produto ou serviço que você oferece, ou seja, pelo seu universo.

Você pode sortear desde uma pizza até um livro, ou até mesmo uma consultoria, se isso for atrair para o seu mercado pessoas apaixonadas pelo seu negócio. (Ou seja, não vou sortear um iPhone, porque isso trará pessoas que querem o celular e não pessoas interessadas em mim.)

Outra forma de **aumentar a Escala e a visibilidade por meio das redes sociais são as estratégias de automação** (você também pode fazer manualmente, que é a minha preferência, mas algumas automações podem te ajudar).

Por exemplo, você pode colocar em suas postagens: "Comente *#vendas* que vou enviar para você um guia com os 3 gatilhos mentais mais importantes na hora de vender."

Você pode usar uma ferramenta de automação que vai enviar uma sequência de mensagens vendendo seu produto para quem comentar (ou, o que prefiro, isso irá proporcionar uma abertura para que você ou um vendedor converse diretamente e de forma individual com essas pessoas).

Por que eu gosto dessa estratégia?

Porque posso impulsionar essa mesma publicação e alcançar mais pessoas além das que já me seguem (e ela também pode se tornar uma oferta autoliquidante).

Além disso, o próprio engajamento com a publicação a tornará mais relevante para os algoritmos das redes sociais.

Agora, qual é o melhor dos mundos?

Primeiro, você precisa de um "caminho validado".

Mesmo que você não use a estratégia da oferta autoliquidante, digamos que você invista R$ 10.000 e gere R$ 15.000 em vendas (ROI de 50%) com as campanhas que já tem hoje.

A pergunta que faço agora é: Se você investir R$ 20.000, conseguirá R$ 30.000 em vendas?

Você só vai descobrir testando. E, nesses casos, sugiro que continue investindo até o ponto em que o seu ROI começar a cair de forma significativa.

Outra das alucinações do mercado digital brasileiro é que você sempre deve conseguir ROI acima de 100% quando investe em anúncios.

Quando você investe valores muito baixos, sim, essa é uma referência boa para seguir. Porém, quanto mais você cresce (em algumas campanhas investimos até US$ 100.000 diariamente), mais o seu ROI tende a diminuir, justamente porque seu público se tornará mais amplo. A faixa ideal de ROI é de 20% a 40% quando você está em um processo de escala.

Se o seu ROI está abaixo de 20%, então você precisa melhorar seus anúncios — ou você chegou ao limite que a rede que você está trabalhando permite.

Se o ROI está muito acima de 40%, é provável que você possa atingir uma quantidade bem maior de pessoas.

Agora, preste atenção no que vou dizer a seguir. É algo que posso repetir incansavelmente, porque é muito importante...

Quando você estiver construindo seu processo de divulgação (orgânico ou pago), comece com UMA rede, e então domine essa rede.

Só depois de ter dominado a primeira rede, passe para a próxima.

Por exemplo, a maior parte das campanhas em que atuo hoje rodam no Facebook/Instagram.

Depois que atingimos o nosso "limite" de investimento e ROI (aproximadamente US$ 50.000 por dia, com ROI de 40%), nós começamos a testar outras redes (como YouTube, TikTok e algumas redes ainda desconhecidas do grande público).

Seguir esse processo tem nos permitido praticamente dobrar nosso investimento e retorno.

Mas você precisa, necessariamente, chegar a esse volume de Escala? Eu diria que sim.

Também entendo que talvez você não esteja pronto para subir até esse nível agora. Eu mesmo demorei muito para chegar a esse ponto em minha própria empresa.

Por isso precisamos de um "caminho validado" e de pessoas que possam fazer esse trabalho por nós (Compre Tempo) enquanto tomamos decisões estratégicas que fazem o negócio crescer.

Também não adianta faturar milhões de reais e perder a saúde ou acabar com sua família.

Precisamos trabalhar de forma mais "inteligente", e não mais "dura".

E precisamos liberar nosso tempo para fazer o negócio crescer — e não fazer do nosso negócio apenas mais um emprego que nos mantém aprisionados.

Além disso, há outro ponto importante que você deve considerar.

Se você está ou quer entrar em um processo de Escala, há outra métrica que você consegue influenciar: quanto cada cliente paga a cada venda. Em inglês, a sigla é AOV (*Average Order Value*, ou valor médio do pedido).

Você também tem algumas opções.

Sabe quando você vai ao McDonald's e eles perguntam se você quer aumentar o tamanho da sua batata frita por mais R$ 1?

Muitas vezes os lanches vendidos no restaurante são "ofertas autoliquidantes", e eles realmente ganham dinheiro com esses upsells.

Essa estratégia McDonald's é muito legal e fácil de aplicar em diversos contextos, e ela é bem simples: no momento do fechamento da venda, ofereça algo de menor valor, mas que pareça um grande upgrade em relação ao pedido.

Por exemplo:

- Livro: R$ 30. Curso intensivo em vídeo: + R$ 10.

- Curso de e-mail marketing: R$ 500. Acesso à biblioteca *premium* com as estratégias que estão funcionando hoje, aulas e atualizações mensais: R$ 47 por mês.
- Serviço de "criar uma carta de vendas" em 2 semanas: R$ 2.000. Taxa de urgência (para fazer o mesmo serviço em menos tempo): + R$ 1.000.
- Atendimento de *shiatsu*: R$ 100. Chá terapêutico para fazer em casa: R$ 20.
- Massagem terapêutica de 1 hora: R$ 100. O total pelo mesmo serviço com meia hora extra: R$ 120.

Você pegou a ideia.

Não necessariamente são produtos diretamente relacionados, mas são complementos à oferta principal.

Veja que isso não é um upsell tradicional (vou falar sobre isso em uma Carta mais adiante), quando você oferece um produto de valor maior em seguida (o nome correto é "upsell reverso").

Também é possível criar uma pressão psicológica de preços.

Por exemplo, imagine uma camiseta vendida por R$ 20.

    1 camiseta = R$ 20 (1x)
    2 camisetas = R$ 40 (2x)
    3 camisetas = R$ 45 (2,25x)
    4 camisetas = R$ 80 (4x)
    5 camisetas = R$ 100 (5x)
    10 camisetas = R$ 95, ou R$ 120 (4,75x até 6x)

Lógico, seu negócio precisa ter um custo que faça sentido para você (nesse exemplo de camisetas, conheço cenários em que a camiseta tem um custo de US$ 4 e é vendida por US$ 20).

Mas essa escada de preços pode aumentar em torno de 3,47x seu volume de vendas (a margem pode ser menor, mas ainda assim compensa).

Mesmo se essa margem for desafiadora para você, procure pensar em maneiras de criar ofertas que fiquem mais tentadoras.

Na Carta "Faça-os Comprar" eu abordo diversas formas de reforçar sua oferta.

Outra estratégia para aumentar seu valor médio é fazer como a Amazon e oferecer "produtos comprados junto".

Quando você compra um produto, é oferecido outro "frequentemente comprado junto". Dependendo da sua ferramenta de checkout, você pode oferecer o mesmo.

Se você gosta de uma pegada mais "social", pode incentivar as pessoas a comentarem em uma publicação (e você inicia uma sequência de mensagens automáticas pelo Messenger, por exemplo).

Hoje em dia, prefiro fazer isso manualmente, ou seja, as pessoas "comentam" e entro em contato com elas, agradecendo por comentar, e assim dou início a uma conversa de vendas.

Você pode ainda incentivar as pessoas a compartilhar informações sobre você.

Por exemplo, imagine que você cria um quizz que ajuda as pessoas a descobrir "qual tipo de atleta elas são", ou "qual a pontuação de saúde delas", ou até mesmo joguinhos como "atingi 17 pontos nesse quiz, você consegue superar?".

Esses são exemplos de conteúdos "viralizáveis" que podem aumentar sua exposição — e é melhor ainda se você conseguir amarrar isso a sua oferta.

Há diversos meios de fazer isso (e principalmente ganhar dinheiro), mas minha intenção aqui é abrir sua mente para possibilidades.

Uma coisa que já fiz muito foi incentivar as pessoas a divulgar por meio de um link de compartilhamento no Facebook um dos meus posts para receberem um material de presente extra.

Na época, cerca de 20% do meu tráfego era gerado por "posts compartilhados". Hoje, o mesmo poderia ser feito utilizando as ferramentas do Instagram, por exemplo: "Me marque nos seus stories e vou enviar um presente."

Muitas vezes eu nem oferecia nada em troca, apenas pedia para "compartilhar o amor".

A estratégia é a mesma, você apenas adapta para a sua realidade e a rede social do momento.

Se você não disser para seu cliente o que você quer que ele faça, ele não fará. Por isso precisamos de "chamadas de ação" claras em nossas comunicações.

Esses são alguns dos principais caminhos que você tem para escalar seu negócio.

Se você se limitar ao tráfego orgânico, há um limite de até onde pode chegar. Mesmo o tráfego de redes sociais impõe um limite, e você está sempre refém das mudanças de algoritmos.

É por isso que sempre incentivo o trabalho com anúncios, porque dessa forma você consegue controlar o volume de tráfego.

Na empresa em que trabalho enquanto escrevo estas Cartas, enquanto o ROI não "quebrar", nós continuamos puxando até chegar ao nosso limite.

Por isso, querido amigo, querida amiga, se impulsione o mais alto que conseguir.

À Sua Riqueza e Felicidade!

Gustavo Ferreira

P.S.: Não posso deixar de falar (de novo) de uma estratégia que pode levar seu negócio para uma Escala além do que você imagina.

Eu me refiro aos programas de indicação, nos quais "você e seu indicado" ganham algum presente, que não necessariamente é uma recompensa financeira.

Uma maneira muito legal de aplicar isso é a realização de um "concurso interno", no qual quem indicar mais pessoas receberá um "grande prêmio".

Já fiz isso de diversas formas, mas a mais efetiva foi a seguinte: a oferta que estava sendo oferecida era um *trial* por US$ 1, durante 7 dias.

A cada *trial* de US$ 1, o indicador ganhava "1 ponto" (e o indicado também receberia uma aula bônus).

Havia um ranking de pontos, por exemplo, quem atingisse 3 pontos ganhava um bônus, quem atingisse 10 pontos ganhava outro bônus. E também havia bonificações específicas para os "top 10", "top 5", "top 3" e "top 1".

Como toda a comunidade se engajou nessa ação, nós praticamente dobramos o tamanho de inscritos pagando US$ 97 mensais (e a comunidade já tinha cerca de 250 membros antes do concurso).

P.P.S.: Existe outra forma de escalar seu negócio, embora eu admita que essa não é para todo mundo. Se você tiver garra para fazer, pode alcançar grandes resultados.

Estamos acostumados a "criar uma audiência" utilizando os meios digitais e a fazer nossa venda através desse canal. Mas também podemos usar eventos presenciais para isso.

Por exemplo, você pode dar uma palestra (e você deve testar se será paga ou gratuita). Com uma palestra paga você tende a ter menos pessoas, mas lembre-se de que elas já pagaram.

Com uma palestra gratuita você pode atingir a lotação, ao mesmo tempo que pode não receber ninguém (afinal, como essas pessoas não pagaram, elas não se comprometeram de verdade em ir).

Vários "gurus do marketing" fazem esses eventos para vender outros cursos e grupos que eles mesmos promovem.

Você pode utilizar a palestra tanto para realizar vendas diretamente (seja no palco, seja chamando os interessados para uma conversa individual) como para construir sua audiência.

Da mesma forma, logo após o "convite aceito" para o seu evento (por meio da divulgação on-line), você já pode realizar um *pitch* de vendas diretamente com valor de desconto antecipado (ou oferecendo algum outro produto para complementar a experiência).

Imagine que você vende algum curso ou serviço que custa R$ 500. Você também pode falar para a audiência presente que oferecerá o serviço de graça para quem trouxer 10 pessoas na próxima palestra.

Já vi negócios alcançarem milhares de pessoas com essa estratégia, e você pode fazer o mesmo.

Além disso, das palestras você pode fazer cortes, publicar nas redes, impulsionar... e você continua sempre em uma espiral positiva de crescimento.

P.P.P.S.: O que falei nesta Carta são algumas das mesmas técnicas do que é chamado hoje de Growth Hacks (ou "hacks" de crescimento).

Em outras palavras, é uma maneira mais atrativa de falar a mesma coisa, mas eu sou mais tradicional e gosto das coisas simples.

P.P.P.P.S.: Existe outro Growth Hack, que já ensinei diversas vezes e que você pode aplicar de diversas maneiras.

É o conceito da "fila de espera".

Imagine que você tem um produto que está fora de estoque. Você pode pedir a quem estiver interessado que cadastre um e-mail para ser notificado quando o produto chegar. Em algumas situações, 80% dos inscritos compram. (Os gurus vão falar que isso também é um "lançamento".)

Você também pode criar uma fila de espera para algo que ainda não foi lançado (e aqui de fato você usa as estratégias de Lançamento — veja a Carta "Lançamentos x Funis").

Mesmo que você seja um prestador de serviços (uma agência ou um freelancer), pode criar uma fila de espera para a contratação do seu trabalho.

Essa fila de espera pode tanto ser gratuita como paga.

Se o cliente pagar, você faz uma "sessão estratégica" para preparar o terreno, alinhar as expectativas e planejar o trabalho com ele (e o valor que ele pagou na fila será abatido do valor do serviço em si).

Você ainda pode fazer o seguinte: as pessoas entram na fila de espera e recebem um "número" (a posição delas na fila).

Se elas compartilharem, curtirem, marcarem outras pessoas, podem avançar na fila. Dessa forma, você pode atrair um grande número de possíveis clientes.

P.P.P.P.P.S.: Você já viu que realmente adoro esses P.Ss, né? :) Com eles eu posso divagar mais sem perder a essência da Carta.

Aliás, você sabia que muitas pessoas leem apenas o P.S. de um e-mail? Ou de uma mensagem de WhatsApp?... Ou de um capítulo de um livro?...

P.P.P.P.P.P.S.: Ok, último P.S.!

Existe uma "fórmula secreta" para você escalar seu negócio.

Essa fórmula se chama **O poder do Um.**

Um público-alvo (que você conhece, ama e sabe que investe dinheiro).

Um produto (que entrega resultados reais para seu cliente e é o seu produto principal).

Um canal (como Instagram, YouTube ou e-mail, por exemplo). Domine esse canal.

Um método de conversão (de que maneira você vende melhor? Por reuniões? Por telefone? E-mails? WhatsApp? Mensagens diretas?). Escolha um método e o domine.

Um ano (o problema da maioria dos empreendedores é constantemente seguir a moda ou correr atrás de uma nova técnica ou oportunidade). Tenha foco.

Foque e vá com tudo. Dê tudo de si!

Existe uma expressão no pôquer chamada "All In", que é quando um jogador coloca todas as fichas dele na mesa e vai para o "tudo ou nada".

Naquilo que você focar sua energia, é onde você irá crescer.

Meu convite é: Vá "ALL IN" no seu negócio. E cresça.

Exercício proposto

- Qual método de Escala você pode começar a aplicar imediatamente no seu negócio?

Carta 6
A ÚNICA MÉTRICA QUE IMPORTA PARA O SEU NEGÓCIO

2 métricas secretas que você deve monitorar • Métricas de vaidade • A fórmula mágica para crescer nos negócios • Como saber quanto você pode investir para atrair clientes (e quanto eles te pagam de verdade) • A métrica mais importante (que faz você ter certeza de que está seguindo o caminho certo no seu negócio, sempre te levando ao crescimento)

Querido amigo e querida amiga,

Desde que entrei no mundo do marketing digital, aprendi muitas coisas que me ajudaram a gerar resultados incríveis para mim e para meus clientes... E outras que são grandes alucinações.

Por exemplo, imagine que você tem no seu Instagram 30 mil seguidores.

Qual o valor disso?

Você pode argumentar que com esses seguidores você é considerado um microinfluenciador, tem bastante engajamento e eventualmente pode até ser pago para fazer alguma promoção, e isso também ajuda a vender seu produto ou serviço.

Sim, esses são cenários reais, e os microinfluenciadores muitas vezes têm seguidores mais leais que os "grandes".

Tenho amigos e já tive clientes com milhares e milhões de seguidores inscritos em suas redes sociais.

Mas a maioria das pessoas não paga as contas com seguidores e curtidas.

(A não ser que você realize o trabalho ativo de entrar em contato com todos os seus seguidores, como expliquei na Carta "Faça-os Comprar").

Seja porque os seguidores não compram ou simplesmente porque a realidade bate na porta, tenha isto em mente: ter seguidores não vai garantir que outras marcas queiram fazer parcerias.

Você também pode pensar que é capaz de ganhar dinheiro com a monetização dos canais, mas a realidade também é que você estará batalhando para ganhar centavos... e as regras das redes sociais mudam o tempo todo.

Então, vamos para outras métricas.

Para alguns trabalhos em consultórios médicos, contratamos uma empresa de marketing que começou a gerar leads (pessoas que deixam pelo menos nome e e-mail) por R$ 3.

Esse número pode até parecer bom, mas, de quase 100 leads, apenas 1 compareceu à consulta e pagou pelo convênio (e a clínica recebeu em torno de R$ 150 nesse caso).

Ou seja, mesmo com um custo ótimo de leads a R$ 3, não gerou vendas suficientes.

Outra situação: uma equipe enviou mais de 1.000 cliques a R$ 0,50 cada para a venda de um livro... e teve zero venda.

Mais uma vez, esse ótimo número de CPC (custo por clique) não serviu para nada.

O que eu quero dizer é que existem algumas métricas, que chamo de "métricas de vaidade". Custo por clique... custo por lead... o faturamento total de um "lançamento" (faturamento é bem diferente de lucro)... tudo isso são métricas de vaidade.

Até mesmo o CPV (custo por venda) eu também considero uma métrica de vaidade (se bem que essa tem uma importância maior e pode realmente ajudar e guiar em algumas decisões).

Então, qual a única métrica que realmente importa para o seu negócio?

Imagino que você já deduziu que **a única métrica que realmente importa em qualquer ação ou campanha é o dinheiro no bolso.**

Rodo campanhas de tráfego com milhares de dólares por dia. Uma das métricas de referência é o CPC.

Mas a única métrica que realmente monitoro no fim do dia é o ROI, o retorno sobre investimento, e o lucro real gerado pela campanha.

Inúmeras vezes consegui esse CPC por menos de US$ 1, e o ROI ficou na faixa de 10%, enquanto o CPC na faixa de R$ 1,50 gerou um ROI de 60%, em média.

Você percebe então que, se meu resultado for baseado em métricas de vaidade, posso me distanciar muito do meu objetivo?

Pois é, empreender sempre é um jogo de números.

O sucesso no mundo do empreendedorismo se resume a ter conhecimento básico de uma fórmula matemática:

Resultado Real = Dinheiro Que Entra − Dinheiro Que Sai

Se o resultado dessa fórmula for positivo no fim do dia, e sobretudo do mês, você pode continuar crescendo.

Essa fórmula simples pode ser aplicada tanto em campanhas isoladas de tráfego pago (invisto R$ 10.000 e tenho um retorno de R$ 15.000), por exemplo, como em campanhas da empresa como um todo (o resultado de todas as receitas menos todas as despesas precisa ser positivo).

Parece fácil, né? Mas, acredite, já lidei com centenas de empreendedores e muitos deles não sabem dizer qual o valor do próprio faturamento e das despesas.

Então, nesta Carta, vou propor uma pausa e um primeiro exercício antes de continuarmos:

Exercício

Pegue todas as suas fontes de receita e todas as despesas do mês anterior. Inclua tudo na conta, até o seu salário (mesmo que seja "distribuição de lucros", você se paga).

Veja quanto realmente sua empresa tem de lucro.

Essa é uma conta simples, mas vai te ajudar MUITO a ter noção de onde você realmente está.

Se quiser ir além, faça o mesmo para o ano inteiro ou coloque alguém para fazer (veja a Carta "Como Comprar Tempo").

Começou a ter uma noção melhor da sua realidade financeira?

Se você fizer esse exercício direito, você terá uma visão ampla de todas as suas despesas com pessoal, custos fixos, ferramentas, contabilidade, impostos, prestadores de serviços etc.

Muitas vezes, só de olhar a lista de despesas você consegue encontrar pequenos gargalos e custos extras que poderia cortar.

Outro ponto importante: as despesas têm um limite de até onde podem ser reduzidas. Por isso, também temos que focar as receitas.

Alguns empreendedores ficam com medo de "pagar impostos", mas sempre digo: eu quero pagar cada vez mais impostos! Porque isso significa que minha empresa e meu faturamento estão crescendo.

Para as receitas, no meu caso tenho fontes diversas, como venda de livros, cursos, royalties de clientes, consultorias.

Dentro da sua realidade, detalhe o máximo que puder suas fontes de receita, e você também pode encontrar formas de otimizá-las.

Por exemplo, um cliente oferecia cursos que ajudam candidatos a passar em concursos públicos, e os cursos eram separados por carreiras específicas.

No auge, tínhamos 9 produtos diferentes, mas, quando olhei o faturamento individual de cada um deles, percebi algo bem interessante. Alguns produtos se sobrepunham e outros eram muito próximos um do outro.

O que fizemos? Pegamos 3 cursos distintos que tinham grande sobreposição (que compunham cerca de 15% do faturamento) e transformamos em 1 curso.

Da mesma forma, os cursos que eram próximos (um para concurso estadual e outro para federal) também se transformaram em 1 curso.

Com isso, transformamos 9 cursos em 5.

E podíamos falar que "você compra 1 curso e leva 2".

Boa parte do meu trabalho de consultoria é observar algumas informações com um olhar "inocente" e fazer perguntas "bobas", porque esse é o primeiro passo para gerar grandes transformações.

Ao simplificar a quantidade de ofertas, pudemos partir para uma comunicação mais direcionada (e não ficar vendendo 9 cursos diferentes, sendo que metade deles era praticamente a mesma coisa).

É lógico que para isso você também precisa ter experiência, mas...
O segredo está na simplicidade.

Agora vamos além.

O título desta Carta é "A Única Métrica Que Importa Para o Seu Negócio", mas nela falo também de duas métricas "secretas".

Você já sabe que a única métrica que importa é "dinheiro no bolso" e que outras métricas (como CPC, CPM, CTR, CPL, até mesmo CPV)* são métricas de vaidade.

Então, quais são as outras duas métricas "secretas"?

A primeira delas é chamada "Lifetime Value" (LTV), ou valor vitalício de um cliente.

O que isso significa?

Pense em todo o ciclo de vida de um cliente seu. Quanto ele gera de valor para você?

Por exemplo, imagine uma ferramenta de e-mail marketing pela qual você paga R$ 100 por mês, durante 5 anos.

LTV = R$ 100 x 5 anos x 12 meses = R$ 6.000

Esse seria o valor total que você gera para a empresa.

Para a métrica ser 100% correta, você também teria que descontar o custo que teve para adquirir esse cliente.

Então, imagine que essa empresa investiu R$ 1.000 para me ter como cliente. Logo, o LTV real seria R$ 5.000.

Por que essa métrica é importante?

---

* As siglas significam, respectivamente: custo por clique, custo por milhar, taxa de clique, custo por lead e custo por venda.

Simples.

Porque, sabendo quanto de valor cada cliente gera ao longo de todo o seu ciclo de vida, eu posso investir mais, mesmo que no curto prazo eu tenha um pequeno prejuízo ou esteja no "break-even" (ponto de equilíbrio, sem lucro nem prejuízo).

Como levantar essa métrica?

O ideal é você ter o cadastro de todos os seus clientes e o registro das compras.

Em um dos meus clientes, o LTV era de R$ 650.

Com essa métrica, conseguimos definir uma estratégia básica: nossa meta de aquisição por cliente era de R$ 150, e aceitávamos um pequeno prejuízo no primeiro mês (porque no mês seguinte já estaríamos em terreno positivo).

A primeira vez que criei e vendi estas Cartas foi no formato de recorrência: as pessoas pagavam um valor de R$ 9,90 por mês.

Mas meu LTV era de R$ 500, e eu projetei as Cartas para só darem lucro no segundo ano de vendas.

Ou seja, para cada novo cliente que me pagava R$ 9,90, eu investia em média R$ 80 a R$ 100, e sabia que lucraria após um ano.

Essa era uma estratégia bem agressiva, mas que se pagava ao longo do tempo.

Você pode estar pensando que não tem estrutura financeira para bancar essa estratégia, e concordo que não é para todo mundo.

Por isso escrevi para você as Cartas "Seu Funil Monstro" e "A Casa do Dinheiro", que vão ajudar nisso.

Mas continue me acompanhando.

Mesmo para mim, ter prejuízo por um ano era pesado. Porém, sabendo dos meus números, tracei outras estratégias que me ajudariam a ter de volta esse valor de forma mais rápida.

A primeira venda era R$ 9,90... e em seguida oferecia um upsell de um ano de acesso com um valor de desconto. Cerca de 30% das pessoas pegaram essa oferta, e isso já me ajudou a recuperar boa parte do investimento.

Além disso, criei outras ofertas de valor maior (de R$ 500 a R$ 2.000), que rapidamente faziam a conta fechar.

Mas só fui capaz de fazer isso porque conhecia em detalhes meus números, e todas as decisões eram baseadas em quanto "dinheiro no bolso" sobraria.

Para aumentar o seu LTV, leia as Cartas "Seu Funil Monstro" e "A Casa do Dinheiro".

Mas agora quero primeiro que você descubra o seu LTV.

Exercício

Descubra seu Lifetime Value.

Pegue todo o faturamento que todos os seus clientes geraram ao longo do tempo.

Por exemplo, imagine que no total seus clientes geraram R$ 1.000.000 de faturamento e você teve um total de 1.000 clientes.

Cada cliente gerou um total de R$ 1.000.

Se você quiser ter uma métrica ainda mais assertiva, tire do faturamento seu investimento em campanhas de marketing. Imagine que você investiu R$ 100.000 em anúncios, então você teve:

$$\frac{R\$\ 1.000.000\ (faturamento) - R\$\ 100.000\ (anúncios)}{R\$\ 1.000\ (clientes)} = R\$\ 900\ LTV$$

Pode ser que você precise de uma ajudinha do Excel.

Se você não tem o registro da quantidade total de clientes, faça a melhor estimativa possível. E, a partir de agora, passe a registrar tudo!

Nesse exemplo, se você tem um LTV de R$ 900, pode investir R$ 150 por novo cliente tranquilamente. E, com as Cartas "Seu Funil Monstro" e "A Casa do Dinheiro", você vai descobrir como aumentar ainda mais seu LTV.

Há ainda outras formas de calcular o LTV (por exemplo, se um cliente indica outro, o cliente indicador é considerado com maior LTV individual do que o primeiro), mas ficaremos com o mais simples por hora.

Então, vamos para a segunda métrica secreta.

O primeiro que ouvi sobre essa métrica foi Dan Martell, e ele a chama de "North Star", ou Estrela do Norte.

A Estrela do Norte é uma referência à navegação: mesmo sem um mapa, os marinheiros teriam uma ideia de onde estavam e da direção que estavam seguindo com a ajuda da Estrela do Norte.

E o mesmo se aplica ao seu negócio.

O que é a métrica "Estrela do Norte"?

É a métrica que vai impactar DIRETAMENTE o resultado do seu negócio, e, por isso mesmo, é a que você deve acompanhar todos os dias.

Por exemplo, para um consultório médico, a Estrela do Norte pode ser o número de consultas (porque em média a cada 10 consultas é feita uma cirurgia que tem 10 vezes mais valor agregado).

Para uma newsletter que vive de anúncios, pode ser uma composição de número de inscritos diariamente (métrica ativa) e taxa de abertura dos e-mails (métrica passiva).

Para uma empresa que vende serviços, a Estrela do Norte pode ser a quantidade de prospects (potenciais clientes) contatados diariamente.

Para um terapeuta, pode ser a quantidade de atendimentos agendados por dia.

Para um copywriter (cujo trabalho é "escrever"), pode ser o número de palavras escritas por dia.

Como você pode ver, trata-se de uma métrica bem ampla, mas que, se acompanhada diariamente, ajuda a notar desvios de rota e a atuar de forma ATIVA na resolução de problemas antes que eles se tornem maiores.

Existe uma grande diferença entre as métricas que acompanhamos.

A maioria delas é passiva (como o lucro no fim do mês). Em inglês, essas métricas são chamadas de lagging, ou seja, são uma leitura do PASSADO.

Monitorar a métrica Estrela do Norte é chamado de leading, ou seja, uma métrica presente que afeta o FUTURO.

É importante olharmos para o passado e aprender as lições, mas também é importante olharmos o presente e CRIAR o nosso futuro.

Esse é o mesmo princípio de atingir metas. Não posso controlar se vou "vender 10 consultorias". Mas posso controlar se consigo "falar com 10 empresas todos os meses".

Então, como exercício final desta Carta, quero que você descubra sua Estrela do Norte.

À Sua Riqueza e Felicidade!

Gustavo Ferreira

P.S.: Quero que você expanda o conceito da Estrela do Norte para outras áreas da sua vida também.

Se você quer falar um novo idioma, quantos minutos por dia vai estudar, quantos textos vai ler etc.?

Se você deseja emagrecer, seja específico no seu objetivo de peso, defina suas medidas e quantas calorias vai ingerir por dia e quantas vezes vai à academia por semana, por exemplo.

Essa referência pode ser aplicada até mesmo em seu relacionamento.

Lembre-se: você não falha por causa dos seus objetivos, e sim por causa dos "sistemas" que você cria e que acabam não suportando esse objetivo.

Se você definir uma rotina diária (fazer um vídeo, ir à academia, jantar fora uma vez por semana, falar com 3 prospects por dia etc.), e realmente se comprometer a seguir essa rotina, seu sucesso será inevitável.

Exercício proposto

- Qual é a métrica que você precisa acompanhar todos os dias, que tem um resultado direto sobre o seu negócio?

Carta 7

A CASA DO DINHEIRO

Como descobrir qual produto seu mercado quer comprar sem desperdiçar tempo criando algo que ninguém quer • Como encher seu coraçãozinho ganancioso de dinheiro •
Os principais formatos de Backend que aumentam as vendas e os lucros • O que realmente é a liberdade?

Querido amigo e querida amiga,

Nesta Carta vamos falar sobre dinheiro.

Mais especificamente, sobre como você transforma seu negócio em uma CASA de dinheiro.

Como assim?

A maioria dos negócios que conheço tem apenas um, ou "alguns" produtos.

Por exemplo, um autor de livro tem um "livro" (e talvez um curso sobre o próprio livro.)

Uma clínica médica tem "consultas" (e talvez cirurgias ou próteses).

Alguns dos meus clientes anteriores vendem seus cursos principais, e a maioria tem algum downsell (um produto de menor valor).

Veja... uma das principais campanhas que rodei também é focada em um único produto, e apenas em 2023 geramos US$ 4.937.285 em vendas.

Ou seja, não estou dizendo que é errado você focar sua empresa em um produto que é o seu carro-chefe.

O que estou dizendo é que você tem a oportunidade de atingir um faturamento muito maior, e está deixando essa chance passar.

A maioria das empresas e dos prestadores de serviço com os quais trabalho conta apenas com o que chamo de "produtos de entrada".

No marketing digital, produto de entrada virou sinônimo de produto de baixo valor, geralmente na faixa de R$ 5 a R$ 100.

Mas no mundo real você pode considerar seu produto ou serviço principal um produto de entrada também (já vendi produtos de entrada de R$ 800 e R$ 2.000).

Por que estou usando o termo "produto de entrada"?

Porque é um produto ou serviço que faz seu cliente INICIAR o relacionamento com você.

Vou repetir: **é um produto ou serviço que faz seu cliente** INICIAR **o relacionamento com você.**

A palavra-chave aqui é "iniciar".

Imagine o seguinte... digamos que você tem interesse em Big Data, então começa a ler a respeito (caso real).

Você começa a procurar vídeos sobre o assunto, e se depara com uma aula presencial, perto da sua casa, com uma abordagem de que você gosta.

A escola oferece uma aula "degustação" (nesse exemplo, vamos supor que a aula seja gratuita), e você decide comprar o curso de R$ 4.000.

O curso de R$ 4.000 é o produto de entrada.

A aula degustação é a "recompensa" (que no marketing digital muitas vezes chamamos de "isca", mas prefiro o termo "lead magnet" — atrator de leads).

R$ 4.000 é um ótimo valor para iniciar um relacionamento, correto? E, olhando apenas para os números, esse poderia ser um ótimo foco para o negócio, não é?

Bem, essa empresa em específico desenvolveu MAIS cursos, que são uma continuidade do curso principal.

Após o "Big Data 1" foi oferecido o curso "Big Data 2", com outros conceitos.

Para quem tinha interesse em "programar" Big Data, foi criado um curso específico para esse público-alvo.

Veja, nem todos que fizeram "Big Data 1" avançaram para o "Big Data 2".

Mas cerca de 50% da turma avançou.

Cerca de 20% dos alunos quiseram se dedicar à programação.

E, para quem quisesse ampliar os conhecimentos em matemática de modo geral, há uma série completa de cursos desenhados em sequência (chamados P0, P1, P2 etc.).

Por que estou usando o exemplo real dessa escola, na qual inclusive fui aluno?

Porque é um bom exemplo de como você pode continuar vendendo para seus clientes DEPOIS que eles comprarem pela primeira vez de você.

Isso é o que chamo de "Backend", ou seja, o que acontece DEPOIS que seu cliente compra o seu "Frontend".

Isso também é chamado de esteira de produtos, mas não gosto desse termo porque "esteira de produtos" pode ser qualquer coisa, mas que não necessariamente tem um valor agregado maior.

Na definição que trago aqui, Backend é um produto ou serviço de valor agregado maior.

Geralmente prefiro mostrar essas ofertas de valor agregado maior para quem já comprou pelo menos um produto, mas nada impede que você ofereça antes também.

Por exemplo, um dos meus Backends é o serviço de consultoria que faço com empresas, pelo qual cobro valores a partir de R$ 15.000.

Não preciso esperar você comprar um curso para ofertar isso a você (principalmente porque, se você faz parte do meu público-alvo, não tem tempo nem paciência para fazer mais um curso).

Já tenho 5 livros publicados, e constantemente os divulgo, mas eles não compõem o Backend. Isso porque o valor agregado de uma consultoria é muito maior do que de um livro.

Para deixar mais nítido ainda: uma esteira de produtos é uma sequência (ou um "cardápio") de produtos que você pode oferecer para seus clientes.

No exemplo da consultoria, ela faz parte do cardápio que ofereço.

Mas um Backend é algo de valor agregado maior e que faz uma grande diferença no meu faturamento.

Se eu vendo em média 100 livros por dia, vender 101 livros não causará impacto significativo no faturamento (imagine que seja um faturamento de R$ 3.000).

Mas se eu vendo os mesmos 100 livros e no mesmo dia vendo uma consultoria de R$ 25.000, vou ter um grande impacto no faturamento como um todo.

Então, querido amigo e querida amiga empreendedores, chega de explicar por que você deve ter um Backend. Vamos falar de possibilidades.

Meu modelo favorito é a "recorrência", ou seja, uma mensalidade que seus clientes pagam mensalmente para você.

A primeira vez que escrevi estas Cartas foi nesse formato, R$ 9,90 por mês.

Por que esse é meu modelo favorito? Porque ele oferece previsibilidade.

Alguns exemplos de recorrência:

- "Vinho do mês".
- "Comunidade" sobre o seu nicho, com conteúdo mensal.
- Pacote de aulas ou serviços.
- "Caixa surpresa".
- Clube de benefícios.
- Coaching ou mentoria, individual ou em grupo.
- Ferramentas que seu cliente pode vir a precisar e que você oferece (diretamente ou como afiliado).

Esses são alguns modelos que você pode aplicar no seu negócio com relativa facilidade.

Até mesmo uma clínica de estética adicionou a recorrência para pagar próteses de silicone de forma parcelada (o cliente só poderia fazer a prótese depois de tudo pago). Essa não é uma recorrência propriamente dita, mas ainda assim segue o mesmo princípio: o cliente paga e você consegue prever seu faturamento.

Gosto de sempre fazer uma conta bem simples para explicar a recorrência.

Se você tem 100 clientes pagando R$ 100 por mês, já tem um faturamento garantido de R$ 10.000.

Se você consegue apenas um cliente novo por dia (e assumindo que a maioria se mantém com você e não cancela o plano), no fim de um ano você pode ter pelo menos 300 clientes.

É uma métrica irreal? Depende.

Não tenho controle sobre "quantas vendas faço por dia", mas tenho controle sobre "quantas pessoas falo por dia para vender", ou "quanto invisto em anúncios", ou "com que frequência produzo conteúdos", por exemplo.

Mas, sim, essa é uma métrica muito real e possível de ser alcançada.

É lógico, sempre há prós e contras. Você também precisa analisar quais custos extras pode ter, mas esse produto recorrente é um dos pontos principais do Funil Monstro.

Seu Backend não precisa ser necessariamente um produto ou serviço de recorrência. A chave aqui são as expressões "valor agregado" e "valor percebido pelo cliente".

Workshops, palestras, consultorias, eventos presenciais de um dia, um fim de semana, ou até de uma semana (como "retiros e imersões") são outros formatos que você também pode aplicar.

Há alguns exemplos de lojas bem-sucedidas de que gosto bastante. Como cafés grandes que, além do café em si e dos produtos que servem de acompanhamento, como doces, por exemplo, também vendem máquinas de café, canecas e outros produtos de valor alto.

As máquinas de café são consideradas Backend pelo valor agregado e valor percebido pelo cliente.

Você também pode ter mais de um Backend atendendo públicos e cenários distintos. Aqui está um exemplo:

1. Produto de entrada: livro.
2. Produto principal: comunidade de empreendedores (recorrência).
3. Backend 1: consultoria.
4. Backend 2: serviço *done for you* (onde posso me associar a uma agência que entrega o serviço necessário se eu não ofereço

esse serviço diretamente) ou *done with you* (o cliente "faz" e eu ativamente participo do processo).
5. Backend 3: evento presencial de 2 dias.
6. Backend 4: mastermind com renovação anual.
7. Backend 5: mentoria para alavancar negócios em um programa de 3, 6 e 12 meses.

Você percebe como é possível transformar um simples negócio em uma casa de dinheiro?

É lógico, talvez nem todos os negócios consigam criar tantos backends, mas vou usar como exemplo uma clínica de saúde oftalmológica:

1. Entrada / produto principal: consulta.
2. Backend 1: lentes de contato.
3. Backend 2: cirurgia.
4. Backend 3: workshop de saúde dos olhos.

Se o dono da clínica for ainda mais empreendedor, pode até mesmo criar um grupo com outros donos de clínicas no qual eles discutem aprendizados sobre como melhorar o fluxo de pacientes.

Uma loja de produtos de artesanato, por exemplo, pode oferecer cursos e workshops também para quem se interessar. E não necessariamente para ensinar a profissão a outras pessoas, mas podendo explorar outras possibilidades, como oferecer aulas de artesanato para crianças ou entusiastas.

Uma empresa que vende SaaS (software como serviço) pode ter como Backend uma consultoria ou implementação da solução na empresa, promover eventos de treinamento para clientes e até eventos para empresas em geral interessadas em determinado assunto.

Não há limites para o que você pode fazer.

Você está limitado apenas pela sua imaginação e pela habilidade de implementar tudo isso.

Por isso é muito importante que você também aprenda a delegar tarefas (veja a Carta "Como Comprar Tempo").

Afinal, quando você é responsável por fazer absolutamente tudo, acaba sem tempo hábil para trabalhar no seu negócio (porque você simplesmente tem um emprego).

Meu amigo e minha amiga empreendedores, essa é uma lição que deve ser aprendida quanto antes. Passei anos sofrendo com a manutenção dos meus negócios porque eu era responsável por tudo.

Foi só depois de me libertar desse padrão que consegui de fato construir uma vida em que sou verdadeiramente livre.

Essa liberdade é financeira, sim, mas é principalmente sobre o tempo.

Só é realmente livre quem tem tempo.

Todas essas lições que compartilho com você têm o objetivo de ajudar a libertá-lo e despertar todo o seu potencial.

À Sua Riqueza e Felicidade!

Gustavo Ferreira

P.S.: Talvez você esteja pensando: "Mas como saber qual oferta criar para meu público?"

E sobre isso tenho outra pergunta para fazer: Será que você deve se esforçar em criar PRIMEIRO o produto e depois vender?

A resposta é: Não! Primeiro você vende... e depois constrói o produto.

Como assim?

Nós, como empreendedores, temos o grande sonho de transformar vidas, e acreditamos em nossos produtos e serviços.

Entretanto, nem sempre conseguimos comunicar isso para o mercado, ou acontece de as pessoas só não se interessarem pelo que estamos vendendo.

O que fazer então?

Venda primeiro. Construa depois.

A única questão é que você deve ser extremamente transparente com o seu público. Avise que é uma pré-venda.

Para pessoas que dizem que têm um produto incrível, mas que nunca venderam, eu dou uma única recomendação: faça 10 pessoas pagarem R$ 50 pelo seu produto.

Se você conseguir fazer isso, provavelmente seu produto estará validado. E nem precisa se preocupar em fazer páginas de vendas, anúncios, nada disso.

Fale com seus amigos, ou mesmo com desconhecidos, ou com as pessoas na sua lista de e-mails, se tiver uma, e até com as pessoas nas suas redes sociais.

Publique seu produto no seu perfil social. Pode ser algo como:

"Estou criando um produto/serviço que ajuda <tais pessoas> a resolver <tais problemas>, e estou em busca de 10 pessoas que estejam interessadas em se comprometer a alcançar essa transformação. Se for o seu caso, me mande uma mensagem!"

Sim, isso mesmo.

A ideia é que se você não conseguir vender primeiro para pessoas próximas dessa maneira, dificilmente pessoas que não o conhecem irão comprar seu produto.

Mas e se de fato ninguém comprar? Então, nem se dê o trabalho de continuar vendendo. Já descontinuei dezenas de ideias por causa disso.

Agora, digamos que apenas 2 pessoas pagaram R$ 50 (lembrando que nosso objetivo é fazer 10 pessoas comprarem). Você pode simplesmente devolver o dinheiro a elas e repensar o serviço que está oferecendo. Por que mais pessoas não quiseram comprar?

Simples assim.

Outra forma de fazer isso, e funciona muito bem para e-commerce, é "pedindo por uma opinião" em grupos ou posts.

Imagine que você quer vender estampas de camisetas e precisa decidir qual é a melhor aposta.

Você pode criar 3 opções de estampas (com a mesma ideia central, mas algumas variações) e perguntar em um grupo algo como:

"Quero dar de presente para minha irmã uma destas camisetas, mas não sei de qual ela vai gostar mais. Qual dessas estampas você compraria?"

A partir disso, a que tiver o maior número de votos é a vencedora. Caso nenhuma "vença" (alguns podem falar que não gostaram de nenhuma), pergunte o motivo da recusa, descubra o que eles mudariam... e repita o processo.

Esse processo é chamado de Product-Market Fit, ou seja, verificar se seu produto está aderente ao mercado em que você quer entrar.

Se você não conseguir encontrar um produto que passe por esse crivo do mercado, fique tranquilo, pois isso é bastante comum. Aliás, é melhor descobrir ANTES que um produto ou serviço não está alinhado com o que o mercado quer do que investir semanas ou meses construindo algo "perfeito" que ninguém quer comprar.

Exercício proposto

- Quais Backends você pode adicionar ao seu negócio?

Carta 8
SEU FUNIL MONSTRO

7 etapas do Funil • Como usar apenas 2 etapas • Por que ter uma lista de leads ou um grande número de seguidores não te ajuda • O segredo para construir sua casa monstro

Olá, meu amigo e minha amiga empreendedor,

Esta é uma carta muito especial.

Porque finalmente vamos falar de uma das questões mais importantes para o seu negócio.

É uma lição tão valiosa que é capaz de transformar um negócio comum em uma galinha dos ovos de ouro.

Trata-se de uma estratégia que levou uma grande empresa a faturar US$ 1.000.000.000 anuais (sendo que há cerca de 10 anos eles tinham um faturamento de "apenas" US$ 200.000.000 por ano).

Nesta Carta, vou revelar para você o Funil Monstro.

Para aplicar essa lição, você precisa preencher dois pré-requisitos:

1. Um ou mais produtos de entrada.
2. Um produto principal (de preferência no formato recorrência, mas não é obrigatório).

Qual é a ideia por trás desse Funil?

De modo geral, é bem simples: TODOS os seus produtos de entrada vão levar seus clientes para o produto principal recorrente.

Ou seja... para quem ainda não é cliente, você concentra TODOS os seus esforços na venda de um produto de entrada... e, depois que o cliente comprar, você foca na venda do seu produto principal

Se você conseguir que ambos os produtos sejam formatos recorrentes, melhor ainda.

Mas vamos deixar isso ainda mais nítido.

A empresa Agora Financial, por exemplo, tem vários desses Funis Monstros. Basicamente a estratégia deles é a seguinte:

1. Todos os dias eles enviam informações sobre os mercados financeiros por e-mail para os assinantes da newsletter gratuita.
2. Em praticamente TODOS os e-mails há alguma referência ao produto de entrada (que é uma assinatura de US$ 149 anual, mas promocionalmente é ofertada por US$ 20 a US$ 50).
3. Logo após a venda inicial, eles oferecem uma oferta vitalícia do produto de entrada por cerca de US$ 200.
4. Você comprando ou não a oferta vitalícia, eles oferecem mais um upsell por volta de US$ 500 para participar de outra publicação mensal.
5. Se você NÃO comprar essa publicação, eles oferecem um trial de US$ 1 por 15 dias.
6. Se aceitar o trial de US$ 1, você é ofertado DE NOVO com o mesmo upsell anterior, mas com uma oferta ligeiramente diferente.

7. Muitas vezes você recebe outra oferta no final, geralmente de valor maior (na faixa de US$ 2.000).

Aqui está uma representação visual:

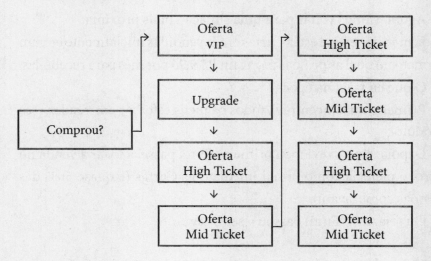

Você consegue entender por que esse processo é chamado de Funil Monstro?

Porque, a partir do momento em que você entra no mundo deles, você é bombardeado por um volume enorme de ofertas... e a comunicação deles é tão boa que você realmente quer comprar tudo!

Esse é um cenário extremo, mas sempre gosto de trazer como referência para demonstrar o real poder desse Funil.

Lembra que comentei na Carta sobre métricas que a única métrica que importa é dinheiro no bolso?

Até a última informação a que tive acesso, eles investem em média US$ 150 para fazer uma venda de no máximo US$ 50... e usam todo o conhecimento do Lifetime Value dos seus clientes para fazer o maior número de vendas possível quanto antes.

Mesmo se você não comprar, eles continuarão fazendo diversas ofertas para você pagar um valor maior do que sua compra inicial e recuperar o que eles investiram.

Agora, vamos voltar para uma situação mais próxima.

Já mencionei que estas Cartas eram vendidas inicialmente em um formato no qual as pessoas pagavam R$ 9,90 por mês para recebê-las.

O que eu fazia na época?

Primeiro eu concentrava todos os meus esforços em vender esse produto.

Depois que escrevi meu primeiro livro, passei a focar a venda no livro, e oferecia como upsell imediato as Cartas (e quase 50% das pessoas compravam).

Ou seja, meu Funil passou a ser o seguinte:

1. Venda de um livro (em torno de R$ 10 na época).
2. Venda das Cartas de Ouro (em formato recorrente), por R$ 9,90 mensais.
3. Com o tempo também adicionei alguns upsells de ofertas anuais e vitalícias.

Por que um grande volume de pessoas comprava as Cartas?
Porque essa estratégia de preço (um produto de valor "menor" oferecido depois de um valor maior) gera a percepção de uma grande barganha.

Mesmo eu tendo recebido, em média, R$ 200 por cada cliente das Cartas (ou seja, muitas pessoas ficavam por cerca de 20 meses), uma oferta de R$ 9,90 era um ótimo negócio.

Para um amigo empreendedor que atua focado em ajudar copywriters, recomendei que ele pegasse todos os cursos que possui e criasse um único produto central.

Em vez de continuar criando inúmeros produtos sobrepostos, sugeri focar 100% na venda desse produto central.

Como ele inclusive tem livros e alguns produtos menores, também sugeri se concentrar na venda desses produtos primeiro e, depois disso, vender o produto principal recorrente.

Por que eu recomendei vender algo ANTES de vender o produto principal recorrente?

Porque é mais fácil vender para quem já comprou de você pelo menos uma vez.

Hoje em dia dou menos importância para a construção de uma lista de leads e direciono meu foco para a construção de uma lista de compradores.

Por isso, para o Funil Monstro funcionar, sempre recomendo que você tenha uma lista de compradores em vez de tentar vender para uma "lista fria" (isto é, pessoas que ainda não te conhecem).

Se você me perguntar qual o melhor produto de entrada para criar, eu sempre sugiro que seja um livro, simplesmente porque é fácil explicar o que é um livro ☺.

Além disso, um livro turbina de maneira orgânica a sua autoridade em determinado assunto e é uma forma fácil de iniciar uma relação com novos clientes.

Na data em que escrevo esta Carta, tenho as informações de pouco mais de 30 mil leitores dos meus livros.

A probabilidade de eles comprarem mais materiais que eu criar é muito maior.

Ter uma lista de clientes é fundamental para você poder criar comunicações diferenciadas para esse público.

Existem basicamente duas maneiras de aumentar as vendas de uma empresa:

1. Vender para pessoas que ainda não compraram.
2. Vender para pessoas que já compraram.

Não existe muito segredo nisso, certo?

Um grande erro de muitas empresas é tentar sempre vender para "novas" pessoas, sendo que também há muitas oportunidades para as pessoas que já fazem parte do seu mundo.

E acredite: você também não precisa de uma lista gigante de clientes para conseguir resultados.

Quando minha lista era pequena, com cerca de 2 mil pessoas, eu conseguia faturar cerca de R$ 5.000 tranquilamente todos os meses com as ofertas que criava e enviava para eles. Enviei cerca de 50 mensagens diretas para meus seguidores no Instagram e fiz R$ 5.000 em vendas.

Em um grupo com 10 pessoas, realizei 3 vendas de US$ 10.000. Tamanho não é documento.

Quando meu sistema de autorresponder (mensagens automáticas via e-mail) estava totalmente no ar, novos leads recebiam mensagens de nutrição e acompanhamento por quase 6 meses ininterruptos.

Sim, é sempre importante atrair pessoas novas para seu negócio, mas também é importante valorizar quem já faz parte do seu mundo.

Por isso você separa sua lista em categorias de interesse, clientes, não clientes e até mesmo clientes que compraram mais de uma oferta (esse é o princípio do Martelo de Thor, que vamos discutir em uma Carta adiante).

Esses multiclientes (que compraram mais de uma oferta sua) potencialmente são clientes ainda melhores para o seu negócio.

Você também pode separar seus clientes por categorias de produtos que eles compram. Por exemplo, um cliente que comprou um produto de R$ 10 possivelmente compraria outro produto até R$ 100, mas acima desse valor a distância já se torna muito grande.

Já para um cliente que pagou R$ 90 em uma transação inicial, é mais provável que um teto maior, até R$ 300, por exemplo, seja uma "distância" mais fácil de percorrer.

Todas essas segmentações são importantes, porque você pode criar ofertas personalizadas para cada um de seus clientes.

E, com a lista de pessoas que ainda não compraram, meu foco continua sendo os produtos de entrada, para iniciar o relacionamento financeiro.

No entanto, como disse na carta sobre Backends, não preciso esperar todo mundo comprar para fazer a oferta de uma consultoria, por exemplo.

Um cliente que depois se tornou meu sócio assinou minha lista de e-mails por cerca de 2 anos, mas nunca havia comprado nada até então.

No entanto, quando fiz uma oferta específica de um curso (que era parte do meu Funil Monstro na época), ele contratou meu serviço (Backend) em seguida.

Escrevendo estas Cartas me permito divagar entre diversos assuntos, porque estão todos interconectados.

O que eu quero que você pense no exercício proposto a seguir é algo fundamental. Não espero que você acerte de primeira, então não se preocupe com isso, mas quero que você pelo menos comece a pensar e a estruturar isso em sua mente.

À Sua Riqueza e Felicidade!

Gustavo Ferreira

P.S.: Perceba que é importante você trabalhar na criação de um "produto central" e focar seus esforços na venda dele.

Esse é o seu produto-chave, pelo qual você garante o fluxo de caixa mensal.

Com essa estrutura bem definida, de renda recorrente mensal, você pode começar a pensar em eventos e ofertas que irão complementar a experiência para seu cliente.

Imagine que você vende um curso de inglês com pagamentos mensais, por exemplo.

Você pode oferecer como Backend (para adicionar em seu Funil Monstro) uma viagem, uma imersão de um fim de semana, ou até mesmo aulas particulares. Isso irá gerar caixa extra, aumentará o seu lucro como um todo, ao mesmo tempo que seu faturamento mensal continuará garantido (por conta da recorrência).

Exercício proposto

- Como você pode estruturar seu Funil Monstro? Qual pode ser o seu produto principal, no qual todos os esforços em vender são concentrados e pelo qual recebe de forma recorrente?

Carta 9
BUSINESS

Upsells e downsells • Consultorias e prestação de serviços • Modelos de recorrência • O que você "sempre" deve testar na hora de oferecer produtos em sequência para seu cliente • Trials e freemiums • Serviços *premium* a preços de entrada

Caro amigo e cara amiga,

Esta Carta é um complemento de um pouco de cada tópico que falamos até aqui. Já mencionei programas de recorrência, upsells e downsells algumas vezes, mas chegou o momento de irmos além.

Esta é uma Carta sobre negócios e sobre como você pode criar diversos cenários na sua empresa.

Mas vamos voltar ao básico.

Para começar, o que é um "upsell"? E o que é um "downsell"?

Imagine que você acabou de comprar um produto (como um livro por R$ 50) e logo em seguida vê uma oferta de R$ 200 para um curso complementar.

Isso é um upsell, porque irá te levar a um produto maior (*up*).

Agora, no mesmo cenário, imagine que você aceitou a oferta de R$ 200. Em seguida você pode receber uma oferta de R$ 500 (como o Funil Monstro, que já expliquei).

Imagine que você recusou a oferta de R$ 500. Agora, você pode receber uma nova oferta de R$ 50, ou mesmo R$ 100.

Isso é um downsell. Você vende uma oferta de valor inferior (*down*).

Essa não é uma definição fixa, e pode ser ajustada dentro de vários cenários.

De modo geral, o que são ofertas upsell e downsell?

Ofertas upsell são ofertas maiores, mais caras e que entregam mais valor, na maioria das vezes para quem já comprou o primeiro produto (no entanto, como já disse, nada me impede de vender uma consultoria para quem nunca comprou nada meu).

Downsell são ofertas menores, mais baratas, que entregam um valor menor se comparado à oferta principal (podem ser oferecidas para quem não comprou a oferta principal, ou para quem recusou um upsell).

Por exemplo, na época em que vendia meu curso de e-mail marketing, o produto principal custava R$ 497, e havia uma downsell de R$ 47 com apenas 3 aulas do programa. Primeiro eu oferecia o curso completo e depois oferecia o curso menor para quem não tinha comprado.

Muitos gurus ensinam a fazer o contrário: oferecer algo de valor menor primeiro e depois oferecer o de valor maior, mas você tem que testar.

Em um cliente que vendia um curso de motivação, sempre vendíamos o curso principal por cerca de R$ 200. A cada 1.000 leads, fazíamos em torno de R$ 10.000 em vendas (cerca de 5% de conversão).

Então decidimos testar vender uma versão menor do curso por R$ 50 antes de ofertar o curso principal. Tivemos uma conversão de 8% no produto menor (R$ 4.000), mas apenas cerca de 30% deles compravam o curso principal (R$ 3.600)... e a maioria não comprava depois, o que nos deixou com R$ 7.600 em vendas.

Então testamos outra abordagem: voltamos ao cenário-base, em que tínhamos R$ 10.000 em vendas com o produto principal, e, para quem NÃO comprava, oferecíamos o curso menor.

Dessa forma, aumentamos nosso volume de vendas para R$ 11.500.

Um dos últimos testes que fizemos com esse cliente foi vender 2 cursos por 1 (o produto principal e uma versão avançada). Testamos valores de R$ 100 a R$ 500, e no final chegamos à conclusão de que era melhor manter os "2 cursos por 1" a R$ 97.

Em outro cliente, testamos as mesmas abordagens, e o que mais funcionou foi oferecer um curso de R$ 7 primeiro e o curso de valor mais alto depois.

Mais uma vez, você entende que se trata de um jogo de números? Lógico, você precisa saber "vender seu peixe" também, mas sem mensurar você não saberá o que está acontecendo.

Esses são alguns exemplos de testes que você pode realizar em seu negócio.

Não assuma que você "sempre" deve oferecer o valor menor primeiro, ou que "sempre" deve oferecer o valor maior primeiro. Teste e veja o que funciona para você.

Eu não consigo resultados extraordinários porque sou o melhor copywriter, mas porque sou o melhor estrategista. E porque sou um testador fanático.

Mas eu havia dito que esta Carta seria sobre negócios.

Então vamos falar sobre mais alguns temas importantes também para você.

Já mencionei inúmeras vezes que o modelo de "recorrência", no qual seus clientes pagam um valor mensal, para mim é o cenário ideal de negócios.

Se você conseguir criar um formato em que seus clientes pagam mensalmente, ou mesmo anualmente, um valor para você, você tem previsibilidade no seu negócio e pode continuar crescendo de forma contínua.

Esse modelo de recorrência pode ser um "produto do mês", uma ferramenta, uma quantidade de serviços que seu cliente pode utilizar (por exemplo, pagamos uma empresa que nos fornece até 30 criativos novos por dia, todos os dias).

Outro formato de recorrência é a participação em um grupo ou comunidade; enquanto seu cliente pagar, ele poderá participar da comunidade.

Sendo bem administrada, essa comunidade pode se transformar em um valor maior do que o produto em si.

Mas como você pode precificar essas recorrências e obter mais assinantes?

Você pode cobrar tecnicamente qualquer valor, só não se esqueça que, quanto mais alto, maior é o volume de *churn* (clientes que deixam de assinar).

Gosto de valores até R$ 97, mas já cobrei de R$ 9,95 até R$ 300 por mês com sucesso.

(Eu invisto alegremente cerca de US$ 8.000 por ano para receber orientações do meu mentor de negócios, Dan Martell.)

Encontre a faixa de preço que faça mais sentido para você. Já vi um cenário em que uma pessoa conseguiu 27 mil assinantes pagando US$ 17 mensais. Assim como sei de outra situação na qual cerca de 1.000 assinantes pagam US$ 97 todos os meses.

Em um dos meus clientes, chegamos a ter cerca de 500 pessoas pagando em média R$ 200 por mês.

Um clube de vinhos utilizava a seguinte estratégia: em um restaurante, o valor de uma "garrafa *premium*" era R$ 100.

Mas se você assinasse o clube (por R$ 50) poderia ir ao restaurante e teria direito a essa mesma garrafa (e receberia mais vinhos toda semana).

Ou seja, não há limites.

Agora, como fazer seus clientes entrarem?

Já mencionei mais de uma vez que a primeira vez que vendi essas Cartas-o formato era de recorrência.

Eu as oferecia como upsell depois da venda de um dos meus livros, e o valor de R$ 9,95 por mês era uma pechincha após pagar R$ 17 na época.

Outra maneira de fazer seus clientes assinarem a recorrência é com um trial.

Por exemplo, eu oferecia "2 semanas de degustação" do meu produto e fazia as pessoas testarem e sentirem como é fazer parte desse processo.

Muitas vezes esse cenário funciona muito bem, e após essas "2 semanas" o acesso ao produto é encerrado.

Há ainda uma modalidade chamada freemium, de que também gosto muito.

Nesse cenário, você não oferece "por tempo limitado" — você oferece uma "base".

Por exemplo, seu cliente se inscreve para o freemium e recebe uma série de 10 aulas para aprender sobre determinado assunto. Esse conteúdo ficará sempre disponível para ele ver e rever.

Quem quiser participar de aulas semanais ao vivo, ou participar da comunidade, paga um valor mensal (por exemplo, R$ 27 por mês para receber as aulas, ou R$ 97 por mês para participar da comunidade fechada e interagir diretamente com outros membros).

Tudo depende de como você consegue estruturar suas ofertas.

A ferramenta de design Canva é um ótimo modelo freemium: ela oferece ótimos recursos no plano gratuito e dá ainda mais benefícios no plano pago.

Agora, talvez você esteja pensando... afinal, como eu posso descobrir o que vender para o meu público?

Um erro comum que diversos empreendedores cometem é gastar meses criando uma oferta para um produto que ninguém quer comprar.

Eu mesmo já investi quase R$ 70.000 e um tempo de 9 meses criando um produto que apenas 4 pessoas compraram. Por isso, sempre sugiro que você venda primeiro antes de construir (veja a Carta "A Casa do Dinheiro").

Nesta Carta, quero ajudar você a pensar em mais possibilidades.

Se possível, crie produtos de consultoria e guie seu cliente de acordo com as necessidades específicas dele.

Eu sou um ótimo consultor para ajudar a enxergar as possibilidades, e ajudo você a estruturar e explorar as melhores oportunidades para crescer.

Você também pode criar mentorias em grupo: você traça um plano (por exemplo, de emagrecer, ou de implementar um sistema de e-mail marketing) e toda semana guia sua implementação, tirando dúvidas.

Gosto desse formato porque você pode cobrar valores razoáveis e, em vez de fazer um trabalho individual, consegue multiplicar seu alcance.

Outra possibilidade é fornecer serviços.
Quando atuava como copywriter, meu trabalho principal era criar e-mails e cartas de vendas.

Esse é um formato *done for you*, ou seja, eu faço todo o trabalho para o meu cliente e ele apenas implementa.

É um formato interessante porque, dependendo da sua negociação, você pode conseguir todo o faturamento de que precisa atendendo apenas 2 ou 3 clientes.

Novamente, na minha época como copywriter eu cobrava em média 5% a 10% do faturamento gerado.

Imagine 3 clientes que faturavam R$ 100.000 mensalmente. Era assim que eu ganhava a vida, e eu poderia continuar confortável, mas não era a forma de trabalho que eu queria seguir, porque não me dava satisfação.

Além disso, já tive clientes que literalmente abandonaram a empresa depois de alcançar determinado faturamento, e tudo afundou.

Isso também pode ser feito no formato *done with you*, no qual seu cliente faz a maior parte do trabalho (por exemplo, seguindo um modelo de carta de vendas que você fornece), enquanto você o auxilia no processo.

Esse é um bom formato porque tira a carga maior de trabalho de cima de você, ao mesmo tempo que seu cliente assume a corresponsabilidade pelo sucesso da campanha.

As possibilidades são incontáveis.

Se você for para o caminho de serviços, também há uma gama enorme de possibilidades e públicos que você pode atingir; mas você também precisa definir seus "mínimos".

Por exemplo, há pessoas que querem ter uma consultoria comigo, mas elas precisam estar dispostas a investir no mínimo R$ 15.000.

E eu cobro esse valor porque sei da transformação e do impacto que posso causar no negócio do meu cliente.

Eu poderia cobrar R$ 2.000, mas todas as vezes que fiz isso me arrependi, porque muitos clientes contratavam OUTRA consultoria ao mesmo tempo. E essa outra consultoria não entregava nem metade do que eu entregava, mas cobrava 5 vezes mais.

Em um dos meus clientes pagamos uma empresa que nos fornece até 30 criativos por dia, todos os dias.

Eles montaram um sistema de produção que consegue fornecer um serviço *done for you* cobrando um valor relativamente menor do que eu pagaria se contratasse alguém dedicado a fazer a mesma função.

Já contei que um dos meus clientes transformou uma consultoria individual em um infoproduto (entregando semana a semana um PDF de forma automática).

Em outra situação que acompanhei, uma empresa faturava MILHÕES apenas vendendo produtos de baixo valor.

O primeiro produto que vendiam era um e-book com um método para emagrecer. Em seguida, ofereciam cerca de 10 produtos diferentes ao longo de um ano, com novas técnicas para emagrecer, passando por beleza e produtos de saúde.

Ou seja, você precisa apenas escolher um caminho, e então segui-lo.

Por isso, quero finalizar esta Carta propondo que você pense na seguinte questão: Quais produtos ou serviços você pode fornecer? Comece por aí.

À Sua Riqueza e Felicidade!

Gustavo Ferreira

Exercício proposto

- O que você pode adicionar ao seu negócio que vai te ajudar a vender mais?
- Você pode criar uma consultoria? Oferecer um serviço?
- Quais produtos "maiores" ou "menores" você pode oferecer para seu cliente?

Carta 10
COMO COMPRAR TEMPO

A verdadeira liberdade • Você está sendo produtivo ou só está ocupado? • Quanto de prejuízo você dá para a empresa fazendo seu trabalho? • 80% é melhor que 100%

Caro amigo e cara amiga empreendedores,

Temos algo que é o nosso bem mais valioso, e ainda assim teimamos em desperdiçá-lo em coisas que não valem a pena... como, por exemplo, nos dedicando a tarefas que não chegam nem perto do nosso potencial total.

Certa vez precisei contratar um assistente geral de marketing digital, e entre as tarefas estavam conhecimentos básicos de redes sociais e edição de vídeos.

Como era uma vaga para um assistente "geral", seria dado um treinamento de acordo com tarefas e necessidades específicas para as quais não valeria a pena contratar um profissional externo ou um novo funcionário (por exemplo, alterar legendas de vídeos para o YouTube, ou fazer impulsionamentos simples de publicações e campanhas específicas que não tinham necessidade de conhecimento especializado).

Em um dos grupos em que divulguei a vaga, recebi a seguinte resposta:

"Nossa, você poderia falar que essa é uma vaga de CEO de uma pequena empresa."

Quando li essa resposta, senti pena da pessoa que disse aquilo. Ela tinha a mente tão fechada que não percebia o buraco em que estava caindo...

Vamos começar com uma pergunta simples: **Qual o papel de um CEO?**

De forma bem simples, o papel do CEO é fazer a empresa crescer.

Para isso, ele precisa planejar, traçar estratégias e procurar as melhores oportunidades para atrair novos clientes, entrar em novos mercados, criar novas ofertas e garantir que o produto ou serviço que sua empresa presta seja realizado de forma adequada...

Quando você é muito pequeno e está começando, é normal precisar "fazer tudo" por um tempo.

Mas qual é a armadilha em que acabamos caindo? (E eu mesmo já caí inúmeras vezes.)

Continuamos presos "fazendo tudo", executando tarefas que consomem nosso tempo e energia, em vez de focar nas tarefas que geram maior valor agregado para o nosso negócio.

E isso acontece por conta de duas mentalidades principais:

1. A mentalidade "não tenho dinheiro".
2. A mentalidade "não tem ninguém que faça 100% como eu".

Para a questão do dinheiro, imagine o seguinte cenário:

Você presta um serviço pelo qual recebe R$ 200 para executar.

Ou seja, se você atender 3 clientes por dia com esse serviço, são R$ 600 de faturamento.

Agora, imagine que você passa cerca de 2 a 4 horas por dia (às vezes até mais) editando vídeos, publicando nas redes sociais, respondendo a comentários, e-mails e telefonemas.

Considerando um dia de 8 horas de trabalho, você está "matando" quase metade do seu dia, que poderia gerar um faturamento ainda maior para você.

Também aprendi essa lição com Dan Martell.

Existem tarefas que são as "tarefas de R$ 1.000 a hora".

Essas são tarefas de planejamento, estratégia, as grandes decisões que são tomadas e que mudam o rumo da empresa.

Esse é o papel do CEO. É nessas tarefas que eu, como consultor, atuo nas empresas.

Existem "tarefas de R$ 500", como aquelas que fazem parte da execução do *core* da sua empresa. São elas que mantêm a empresa viva e funcionando.

Existem as "tarefas de R$ 100", e podemos incluir aqui aquelas como edição de vídeos, gestão profissional de mídias sociais (que criam conteúdos e estratégias para essas redes), gestão de tráfego pago e outras tarefas que muitas vezes precisam de profissionais especializados.

E, por último, existem as "tarefas de R$ 10".

Essas tarefas incluem responder a e-mails, atender telefonemas, responder comentários, fazer o disparo de um e-mail marketing na ferramenta, agendar reuniões etc.

Qual é o problema mais comum de ocorrer com um grande número de empreendedores?

Eles ficam presos nas tarefas de R$ 10 e deixam de fazer tarefas de maior valor para a empresa.

Quando eu trabalhava como copywriter, O MENOR VALOR que entregava para meus clientes era o de escrever uma carta de vendas ou e-mail para eles e fazer o disparo na ferramenta de e-mail marketing.

O maior valor que eu entregava era a visão estratégica e decisões que realmente ajudavam a fazer o negócio crescer.

Da mesma forma, na sua empresa, aposto que você está preso em um alto volume de tarefas que te impedem de realmente crescer e fazer você brilhar.

E falo isso porque eu mesmo sofri com esse cenário por anos, preso em tarefas que sugavam meu tempo e minha energia, e que, no fim, faziam minha vontade de empreender diminuir.

Por isso, contratar alguém (seja um funcionário dedicado, um estagiário ou até mesmo prestadores de serviço pontuais) é fundamental.

Para mim, é imprescindível recomendar o livro *Buy back your time* [Compre seu tempo de volta, em tradução livre], de Dan Martell, um grande empreendedor que aplica isso na vida e nas empresas dele.

Na data em que escrevo esta Carta, já tenho uma pessoa dedicada a lidar com a maior parte das minhas redes sociais e das comunicações por e-mails e WhatsApp que recebo.

No início minha esposa me auxiliava com isso, mas a esta altura essa função também está sendo desviada das responsabilidades dela — que se tornou a pessoa encarregada de garantir a execução de todos os projetos da empresa.

Da mesma forma, estou construindo uma equipe para edição de vídeos, outra para suporte e reunindo pessoas até mesmo para realizar as funções que fazem parte do *core*, do coração dos serviços que forneço.

Já falei no início do livro sobre a "semana" e o "ano" perfeitos pré-planejados — acredite, isso é mágico.

Quando alguém quer marcar uma reunião, não preciso procurar na minha agenda. Tenho dois períodos na semana reservados exclusivamente para isso.

É lógico que nem sempre é possível seguir tudo à risca (porque, sabe, a vida acontece), mas você também precisa criar aqueles momentos inegociáveis.

Toda manhã faço exercícios. Toda sexta-feira à noite e todo sábado até o pôr do sol tenho minha prática do *Shabat* — um dia de descanso do trabalho físico e de foco no trabalho espiritual (explico isso em meu livro *Gatilhos da Alma*).

Procuro ter um período da semana dedicado à saúde: checkups médicos, massagens, sauna, ou apenas um descanso extra.

Também procuro pelo menos um ou dois dias no mês (quando possível, na semana também) para passar um tempo com minha esposa, tomando um café especial ou jantando fora.

Da mesma forma, já planejei para o meu ano datas em que pretendo viajar, e já estou fechando meu calendário para isso, mesmo precisando estar disponível para trabalhar remotamente em alguns momentos.

Esse é um processo em construção, mas começar a pensar dessa forma, ter alguns momentos e tarefas não negociáveis, já começou a mudar minha realidade de trabalho.

Agora consigo focar novamente nas tarefas importantes que geram alto valor agregado para minha empresa e para meus clientes.

Essa é uma decisão importante que você precisa tomar.

Eu sei bem como pode ser difícil, mas deixar de se dedicar a tarefas pequenas é o que vai libertar você das correntes que o impedem de crescer.

Lembra quando eu falei que, para sua empresa crescer 10x, 80% das tarefas que você realiza hoje precisam desaparecer da sua rotina?

A esta altura, porém, você pode estar pensando "Ok, entendi... Mas ninguém faz isso tão bem quanto eu".

Quando você é um prestador de serviço, e responsável pelo que entrega, é normal termos um nível de excelência e qualidade acima da média (vamos chamar de 100% de qualidade).

Eu mesmo me tornei empreendedor por isso, porque sou muito bom em determinadas tarefas, e em muitas delas foi um grande desafio encontrar pessoas que pudessem fazer o trabalho tão bem quanto eu.

Mas aqui está outra lição importante...

Quando eu escrevia diretamente todos os e-mails da minha newsletter, tinha "100% de qualidade".

Enquanto estou no processo de treinamento e refinamento, fico muito feliz em descer do meu salto alto do perfeccionismo e ter alguém que faça o mesmo trabalho com "80% de qualidade".

Acredite, ter alguém que faz 80% do seu trabalho é maravilhoso.

Porque, se precisar, eu consigo trabalhar nos 20% restantes. E tendo em mente que boa parte desse trabalho continua voltado para evoluir o treinamento dessas pessoas até que elas cheguem o mais perto possível dos 100% que eu entregaria.

* * *

COMO COMPRAR TEMPO

Agora, dependendo do serviço que você oferece, pode ser que esteja pensando naqueles que são, por natureza, individuais, como fazer uma massagem, por exemplo.

Sim, você, como terapeuta, pode ter 100% de qualidade no seu atendimento, mas há um limite da quantidade de pessoas que você pode atender em um dia.

No entanto, se você define um método de atendimento, pode trazer e preparar outros terapeutas, que, mesmo atingindo "só 80%" do que você faria, poderão auxiliar seus clientes tão bem quanto você, enquanto paralelamente você libera mais tempo para atender "clientes VIP", dedicar-se a situações mais delicadas, ou mesmo continua fazendo crescer seu negócio de terapias.

O que é mais importante? Você atender um máximo de 40 clientes por semana (se tiver tempo e energia para isso) ou atender 400 clientes por semana (com mais tempo e energia)?

Veja, querido amigo, querida amiga... eu entendo diversos dos seus medos porque senti e pensei as mesmas coisas.

- "Mas essa pessoa pode roubar meus clientes."
- "Mas essa pessoa não vai atender tão bem quanto eu."
- "Mas eu vou ter que pagar uma parte."
- "Mas depois que essa pessoa aprender tudo o que puder, ela vai embora."
- Mas, mas, mas...

De verdade, eu entendo todas essas preocupações, porque também já fui vítima de todas elas.

Mas a realidade é que todos esses medos são crenças limitantes.

Uma pessoa que você acolheu e ensinou levou parte dos seus clientes embora? Tudo bem. Pode ser que você não tenha feito um trabalho de relacionamento adequado para fidelizar esses clientes com você e sua empresa, e a relação tenha ficado muito ligada ao profissional específico.

(E muitos clientes voltam porque o profissional que passa a atendê-los não tem os mesmos processos e protocolos que você tem para garantir um atendimento de qualidade.)

Um contrato bem-feito também ajudaria a mitigar situações como essa.

Se você "formou" alguém que depois saiu para seguir o próprio caminho, isso é um elogio, pois significa que você é um ótimo professor ou uma ótima professora.

E pode ser que sua visão como empreendedor não tenha sido ampla o suficiente para comportar a visão profissional dessa pessoa que foi embora. Ou seja, pode ser que ela quisesse coisas que você não podia fornecer.

Agora você precisa retomar e refinar os processos que fazem as pessoas que trabalham com você desejarem continuar a seu lado (e garantir que nenhum processo fique dependente de apenas uma pessoa).

Eu convido você a primeiro parar de agir como vítima, e então assumir a responsabilidade pela sua empresa e pelo seu negócio.[*]

Crie oportunidades para as pessoas.
Assuma que você sempre pode melhorar seus processos, seus treinamentos e tudo que faz você e sua empresa serem excepcionais.

Quanto mais tempo você ficar focado em tarefas que o prendem, mais terá seu crescimento limitado.

---

[*] Esse é o mesmo processo que explico em meu livro *Gatilhos da Alma* — o processo de assumir a responsabilidade por tudo que acontece em nossa vida. Mesmo as relações dentro de uma empresa exigem essa consciência da Alma e da autorresponsabilidade.

Se você criar essa barreira de que outras pessoas não estão à altura ou trarão problemas, procure formas de melhorar seus processos ao máximo para que quem quer que seja contratado seja uma pessoa altamente capacitada no seu processo.

Por que o McDonald's se tornou um sucesso mundial?

Porque o modelo deles é replicável e pessoas superjovens são capazes de rodar os processos sem nenhum erro.

O mesmo deve acontecer com sua empresa.

No meu caso, presto serviços de consultoria. Tenho experiência, por isso consigo enxergar muitas oportunidades de melhoria rapidamente em diversas empresas.

Mas até mesmo o meu processo é replicável, e com o tempo posso trazer outros consultores para trabalhar comigo, porque meu trabalho também é um processo.

Tenho um processo para análise de tráfego, um processo para análise de conversão e até um processo para análise de processos!

Em cada um desses processos, posso treinar uma pessoa para realizar 80% do trabalho, e eu valido e refino os outros 20% (e com o tempo eles podem fazer até 100% do trabalho).

A questão é que não adianta eu me preocupar pensando que outros consultores podem "roubar" meus processos. Porque, bem, eles podem, e inclusive podem se tornar "consultores freelancer" se quiserem.

Mas minha empresa é sólida justamente porque sua construção é progressiva, com base em sistemas.

Nossa empresa (e nosso sucesso) é limitado pelos sistemas que conseguimos criar e implementar, e não apenas pela nossa capacidade e habilidade de executar uma tarefa.

Então, nesta Carta, quero propor dois exercícios para você:

Exercício 1: Auditoria de tarefas

Comece a listar tudo que você faz no seu dia: responder a e-mails, redes sociais, disparar mensagens, falar com clientes etc.

Para cada uma das tarefas, coloque um "cifrão" do lado ($).

Para tarefas de menor valor ("tarefas de R$ 10"), coloque um $. Para tarefas de alto valor agregado ("tarefas de R$ 1.000"), coloque $$$$.

Faça isso para todas as tarefas, colocando de 1 a 4 cifrões.

A partir daí, comece a delegar as tarefas de menor valor agregado para outras pessoas.

Muitas vezes me dou bem com profissionais freelancer, e mesmo estagiários podem ajudar muito na realização dessas tarefas.

Assistentes virtuais também podem ser ótimas opções para você.

Quais tarefas você está fazendo hoje que é capaz de delegar?

Exercício 2: Desenho de processos

Esse exercício se funde com o processo de treinamento (há uma Carta sobre esse tema), mas vamos tratar disso aqui.

Desenhe o processo principal do fluxo da sua empresa.

Não precisa criar todos os fluxos agora; estou falando do principal.

Gosto do bom e velho papel e caneta para isso, e depois passo para uma tela digital.

Um processo pode ser como o seguinte, ilustrando os passos para a realização de uma campanha de tráfego pago em uma das empresas que atuo:

```
Configurar oferta    →   Criar campanha    →   Criar LPs
no tracker               no tracker                  ↓
Selecionar           ←   Selecionar conta  ←   Criar criativos
página                   de anúncios
  ↓
Criar copy do        →   Configurar pixel  →   Atualizar LP
anúncio                                          com pixel
                                                    ↓
Reportar que a       ←   Publicar          ←   Fazer teste de
campanha foi             anúncios para o       qualidade
publicada                dia seguinte
```

Esse é um dos processos principais de uma das empresas com as quais trabalho.

E esse processo, por mais simples que seja, garante que qualquer um com um mínimo de treinamento consiga criar uma campanha do zero.

Esse mesmo processo é replicável em outras empresas? Sim e não. **Sim, porque a ideia geral é a mesma, mas não, porque temos um modo próprio de executá-la.**

Para cada passo do processo há um ou mais vídeos de treinamento, e todo novo membro passa por todo o processo.

Por ora quero que você desenhe seu processo principal.

Se deseja expandir, pode criar esses fluxos para diversas áreas, como financeiro, comercial, administrativo, RH e todos os processos que exigem treinamento.

Tudo isso faz parte do processo de comprar seu tempo de volta.

Porque você precisa de pessoas para fazer seu negócio rodar e crescer.

Se você sonha com a possibilidade de vender sua empresa, você não pode fazer parte do processo operacional. O que você precisa é que a máquina rode sem você.

Enquanto você ficar preso respondendo a todos os e-mails, postando nas redes sociais, respondendo a comentários, atendendo o telefone, você não faz seu negócio crescer.

Traga as melhores pessoas para fazer sua empresa rodar. Traga inclusive pessoas melhores que você.

Se eu quero um copywriter para minha empresa, de preferência quero um melhor do que eu.

Mas se ele realizar 80% da qualidade de que preciso, já é suficiente para fazer as coisas rodarem, e posso continuar investindo no desenvolvimento dele.

Por isso você também precisa de processos para contratar as MELHORES pessoas para o seu negócio.

Vamos falar mais sobre isso na próxima Carta.

À Sua Riqueza e Felicidade!

Gustavo Ferreira

P.S.: Há uma grande diferença entre estar ocupado e ser produtivo.

Por exemplo, enquanto reescrevo estas Cartas, preciso monitorar uma campanha em que geramos cerca de 3 a 5 mil ligações diárias para um call center.

COMO COMPRAR TEMPO

Eu me mantenho "ocupado" porque estou constantemente monitorando o desempenho das campanhas e eventuais problemas no call center.

Mas os dias em que eu mesmo preciso fazer esse acompanhamento (e não consigo delegar para alguém da equipe fazer) são meus dias menos produtivos.

Quando consigo me desvencilhar dessas tarefas que me mantêm "ocupado", em poucas horas consigo enxergar grandes oportunidades de otimizar a campanha como um todo.

Ou seja, quando estou ocupado, meu olhar fica preso em uma única árvore e não consigo ver a floresta por inteiro.

Quanto mais consigo me libertar de tarefas de R$ 10 e de R$ 100, mais consigo atuar em tarefas de R$ 500 e de R$ 2.000.

Se sou pago "R$ 100 a hora" e faço tarefas de "R$ 10 a hora", tecnicamente estou dando um prejuízo de "R$ 90 a hora" para a empresa.

Pense nisso.

P.P.S.: Procure identificar na sua empresa os principais gargalos que te impedem de crescer.

Pode ser o departamento de marketing, de vendas, de entrega, de suporte e até o pós-venda...

Agora imagine que para cada gargalo que impede o seu crescimento, você trouxesse alguém capaz de resolver aquela exata situação...

Crie um processo de treinamento, Compre Tempo e continuamente coloque as melhores pessoas nas posições certas.

Se todos os meses você trouxer alguém para liberar a passagem de algum gargalo, você terá cada vez mais tempo viável para trabalhar no crescimento da sua empresa.

Invista em construir um sistema (por meio de pessoas capacitadas) que impulsiona sua empresa e a faz crescer.

Carta 11

ATRAINDO OS MELHORES TALENTOS PARA SEU TIME

Traga as melhores pessoas, dê o melhor treinamento e saia da frente • Como evitar que os melhores talentos se afastem

Querido amigo e querida amiga empreendedores,

Na Carta anterior falei da importância de comprar seu tempo de volta... e de como começar a construir os processos principais da sua empresa para que outras pessoas também possam receber um treinamento completo assim que chegarem.

Agora, uma pergunta importante: Como você pode atrair as pessoas certas para sua equipe?

Veja, eu ouço muitas reclamações de que "está difícil contratar", e, por um lado, é verdade.

Sei de muitas pessoas que se contentam em fazer o mínimo possível, isso quando fazem. De fato, hoje há um bom número de pessoas (principalmente as mais jovens) que têm uma visão diferente do que seria um "trabalho".

As empresas, na visão dessas pessoas, devem estar alinhadas com seus valores, o trabalho deve ser gratificante, além de pagar bem e ser flexível (por exemplo, o trabalho remoto).

Para ser honesto, isso também faz parte dos meus valores, e não acho que esses desejos estejam errados.

Quando optei por voltar a ter um emprego por alguns anos (o que me permitiu refinar minhas habilidades e me levou a outro patamar de conhecimentos e negócios), procurei empresas aderentes ao que acredito.

Então, por mais que muitas pessoas realmente nos deem motivos para reclamar de como elas trabalham, pense na maneira como você posiciona sua empresa para atrair os melhores talentos.

Por que seria legal trabalhar na sua empresa? O que faz dela um lugar empolgante para alguém trabalhar?

Também está tudo bem se sua empresa é pequena (por exemplo, uma loja que vende produtos específicos), mas crie um ambiente que seja incrível e gostoso de trabalhar.

Nós, empreendedores, temos sonhos grandes. Somos ótimos em sonhar.

Muitos empreendedores querem transformar suas empresas em grandes referências no mercado, mas também esquecemos de algo importante: precisamos de pessoas "normais" executando o dia a dia, fazendo a empresa rodar.

Já imaginou se todo mundo fosse "empreendedor" e ficasse só na parte dos sonhos? Já pensou se ninguém de fato transformasse as ideias e os sonhos em realidade?

É por isso que devemos valorizar as pessoas e trabalhar para que elas mostrem todo o seu potencial.

É por isso que devemos ter a mentalidade de trazer as melhores pessoas para nossa empresa — inclusive pessoas melhores que nós!

Mas para isso também precisamos transformar nossas empresas em bons locais para trabalhar.

Voltando ao assunto desta Carta, eu acredito que daqui em diante você trabalhará para criar uma empresa cada dia mais incrível.

Agora, quero que você aprenda formas de atrair os MELHORES talentos.

Ao longo dos anos, aprendi alguns modos de fazer processos seletivos que, mesmo não sendo perfeitos, ajudam a filtrar e afunilar os melhores candidatos para uma determinada vaga.

Quando preciso contratar alguém, o processo que sigo hoje é o de criar um formulário com a descrição completa da vaga e algumas perguntas.

Uso o Google Docs, mas você pode usar a ferramenta que quiser.

É muito importante alinhar expectativas desde o início. Então, realmente coloque tudo que você espera que seja realizado por esse profissional, tanto as tarefas principais como as secundárias.

Também é importante contar por que sua empresa é ótima para trabalhar, o que os candidatos podem esperar e o que você espera dos candidatos.

Por exemplo, uma descrição que criamos para uma das empresas com que trabalho é mais ou menos a seguinte, com dois destaques em negrito para o objetivo deste livro:

Você será responsável por <isto>, <isto> e <isto>.

Prezamos pela atenção aos detalhes *e por uma comunicação clara.*

Temos um ambiente de trabalho flexível, com uma equipe ao redor do mundo — dispomos de praticamente 24 horas de cobertura para qualquer ocorrência necessária.

Ao trabalhar conosco, você terá acesso a uma vasta biblioteca de treinamento, além de um treinamento completo passo a passo do que você irá realizar.

Nós esperamos que no primeiro mês você seja capaz de <fazer essa função sozinho>, daqui a 3 meses você conseguirá <isto> e daqui a 6 meses esperamos que você esteja <aqui>.

Você terá acesso e tratamento VIP em uma grande rede de plataformas globais de afiliados e terá a oportunidade de crescer conforme crescemos juntos.

Nós esperamos que você faça muitas perguntas, que seja proativo e consiga encontrar informações e soluções sem precisar de direcionamento todas as vezes.

Preferimos que você se arrisque e cometa erros em vez de pedir nossa permissão e autorização para fazer algo.

*Esperamos que você tenha boa compreensão de leitura e habilidades de comunicação por escrito e também em vídeos. Como somos um time global, mantemos o mínimo de reuniões necessárias e nos comunicamos essencialmente por meio da nossa ferramenta interna. Muitas pessoas querem participar desse processo seletivo, e falhas sucessivas em manter as expectativas farão essa vaga ser passada para outra pessoa. **Como um primeiro teste de atenção, coloque seu personagem de quadrinhos favorito depois do seu nome**, para sabermos que você leu todas as informações.*

Se você leu as duas frases em negrito, então captou a pegadinha. Logo no processo de seleção gosto de colocar pegadinhas como essa, como um teste real de atenção aos detalhes (que a vaga exige).

E, sim, descarto a maioria dos candidatos por esse pequeno detalhe.

Porque se uma vaga exige atenção aos detalhes e estou dando uma orientação simples e objetiva, se um candidato falha em uma requisição como essa, há um grande risco de termos problemas similares no futuro.

Admito que muitas vezes fico preocupado em descartar candidatos com bons currículos quando eles não passam nesses testes.

Mas também aprendi que este é um processo que devo respeitar.

Todas as vezes que abri exceções (até por um número menor de candidaturas), dando uma chance para candidatos que não foram aprovados nesse primeiro teste, eles não passaram nem na primeira entrevista (tive apenas uma exceção até hoje).

"E se eu não encontrar um candidato adequado?" Revise todo o processo, faça ajustes (talvez a vaga não tenha uma descrição tão compreensível e objetiva quanto você pensou, por exemplo) e continue ou reinicie o processo.

Mesmo para pessoas indicadas ou de dentro da empresa que querem se candidatar, peço que passem pelo mesmo processo, e uso a mesma régua para todos.

Após a primeira seleção de respostas, gosto de fazer uma primeira entrevista, e só seguem para a próxima fase os candidatos que forem considerados adequados.

E aqui eu digo: respeite seu *feeling*. Se você sentiu que um candidato não é adequado, não continue.

Após a primeira entrevista, sugiro criar um exercício prático de como seria o dia a dia na empresa.

Por exemplo, para uma vaga de gestor de tráfego pago, algumas tarefas são "criar uma proposta de landing page", "fazer uma pesquisa de competidores", "analisar uma campanha" e "criar uma campanha básica".

Dessa forma, sabemos exatamente se os candidatos preenchem o mínimo de requisitos para o trabalho, simulando uma situação real.

Muitas vezes gosto de remunerar pelo tempo e trabalho dedicado (já pagamos até US$ 500 para um candidato com mais experiência que participou do processo).

Apenas os candidatos aprovados nessa etapa prática avançam para a entrevista final (com o gestor ou pessoa que tem o poder de decisão).

Esse é um processo simples, mas acredite... ajuda a trazer pessoas incríveis para trabalhar com você.

Então, meu querido amigo e minha querida amiga, da próxima vez que precisar contratar alguém, tente seguir esse framework, ajuste-o à sua realidade.

Tenho certeza de que você encontrará pessoas incríveis para trabalhar com você.

À Sua Riqueza e Felicidade!

Gustavo Ferreira

P.S.: Há outra dica valiosa no processo seletivo. Você pode pedir aos candidatos que gravem um vídeo e te enviem, dizendo as 3 áreas em que eles querem se desenvolver nos próximos 12 meses.

Isso "estreita" ainda mais os furos da sua peneira, mas você terá pessoas que estão dispostas a fazer coisas fora da zona de conforto e ainda verá se o que você oferece está alinhado ao que os candidatos desejam.

Esse passo é um processo mais refinado, mas garante que você terá os melhores candidatos vindo até você.

Para encontrar bons vendedores, por exemplo, você pode pedir para que deixem um recado em uma secretária eletrônica para observar a atitude verbal deles. Seja criativo... e seletivo!

Exercício proposto

- Veja qual é a tarefa que mais suga seu tempo, que não agrega valor para o negócio, e contrate alguém para te liberar.

Carta 12
NICHOS VERTICAIS

Como dominar um nicho e se tornar a pessoa de referência nesse mercado • O que Tony Robbins pode nos ensinar sobre posicionamento horizontal e vertical

Querido amigo e querida amiga,

Nesta Carta, quero apresentar um conceito importante na hora de definir suas estratégias de negócio.

Existem duas formas principais de atuar em sua área.

Imagine que você presta serviços de criação de websites.

Teoricamente, você é capaz de criar websites para todo mundo. Então hoje você pode criar um site para um pet shop e amanhã para uma construtora.

Veja, não há nada de errado nisso. E é algo chamado de "posicionamento horizontal".

Ou seja, você oferece seus serviços para todas as empresas, em diversos nichos.

Por que isso não é errado? Porque você realmente pode se tornar conhecido, e sempre terá um grande leque de empresas as quais poderá atender.

A desvantagem desse modo de atuação é que, ao mesmo tempo que amplia sua rede de clientes, você não se torna especializado em um determinado nicho.

Imagine a mesma situação em que você cria websites para empresas.

Se eu sou médico e tenho que escolher entre você (que cria sites "para todos") e outra empresa especializada em "criação de websites para clínicas de saúde", provavelmente escolherei seu concorrente.

Porque se você é especialista em um nicho provavelmente sabe como lidar, nesse exemplo, com todas as restrições que o Conselho Regional de Medicina (CRM) impõe ao marketing médico.

Da mesma forma, se você é especialista em fazer sites para clínicas, pode ser que também tenha experiência em atrair clientes para clínicas... e se você oferecer esse serviço, posso me interessar em adquirir.

Isso é o que chamamos de "posicionamento vertical", ou "nicho vertical".

Você oferece "sites para clínicas", "anúncios para clínicas", "newsletters para clínicas", "redes sociais para clínicas", "serviços financeiros para clínicas" etc.

Assim, você se transforma em referência para o seu mercado.

Dei o exemplo de clínicas médicas, mas você pode encontrar diversas oportunidades.

Por exemplo, se o seu nicho são "mães". Isso mesmo, mães.

Você poderia criar um "programa de exercícios para mães", ou "programa de alimentação para mães", ou "saúde ginecológica para mães", "saúde mental para mães". Até mesmo "roupas para mães". E por aí vai.

E você também poderia focar ainda mais, especificando que o seu nicho são mães com mais de 40 anos, por exemplo.

* * *

Como sempre, há vantagens e desvantagens.

Você pode se tornar a referência no mercado para seu nicho vertical, e se tornar a pessoa que todos conhecem e indicam.

Uma das vantagens é que provavelmente você terá um bom fluxo de clientes, e pode até cobrar mais, porque entrega um serviço de qualidade e realmente especializado.

Uma das desvantagens é que sua comunicação ficará muito focada, e, dependendo do tamanho do mercado ou do seu desejo, não atingirá um público mais amplo.

Por exemplo, logo que comecei a falar no mercado sobre copywriting, naturalmente atraí pessoas que também queriam se tornar copywriters, e até hoje sou uma referência para essas pessoas.

No entanto, exatamente pelo fato de o meu público principal na época ser de copywriters, tive dificuldade em atrair o público que eu realmente queria: empreendedores.

Vejo muitos empreendedores reclamando que não conseguem atrair uma audiência mais ampla, mas, quando vou ver o perfil, falam, por exemplo, apenas com contadores.

Quanto mais nichada for a sua comunicação, menor será o seu público. Quanto mais amplo, maior será o seu público.

Muitas vezes, mensagens mais amplas atraem um público maior, porém a profundidade será menor (o que pode levar a produtos mais baratos).

Mas também há exceções, como Tony Robbins, que é um coach mundialmente renomado e cobra valores altos pelos seus serviços, mas tem uma série de outros produtos que oferece, como livros, cursos e programas de valores variados.

Pense no exemplo de Tony Robbins.

A comunicação dele é ampla, atinge milhões de pessoas, e nem todas são as pessoas "certas" para trabalhar com ele pessoalmente (por isso ele mantém diversos outros programas).

Mas o seu público-alvo ideal paga milhares de dólares para estar com ele.

Mesmo em nichos horizontais e verticais, há dezenas de oportunidades para você.

Basta decidir como quer se posicionar.

À Sua Riqueza e Felicidade!

Gustavo Ferreira

Exercício proposto

- Você atua em um nicho horizontal ou vertical?
- Qual nicho você acredita que poderia explorar?

Carta 13

LANÇAMENTOS X FUNIS

A verdadeira Fórmula de Lançamento, que até hoje poucas pessoas descobriram (mesmo com milhares de alunos) • Como falar 120 vezes com seu cliente • 2 + 1 motivos por que você não vende

Caro amigo e cara amiga,

Nesta Carta, preciso falar de mais uma das alucinações que acontecem no mercado digital brasileiro.

Existe uma técnica de vendas chamada "lançamentos", que veio para o Brasil por intermédio do especialista em marketing digital Erico Rocha, que licenciou a "Fórmula de Lançamento".

Vamos primeiro para uma definição importante: O que é um Lançamento? É algo **novo** que você lança, uma novidade.

Qual é a alucinação que acomete o mercado?

Conheço dezenas de agências de marketing digital que dizem que a única maneira de fazer marketing digital é por meio dos tais lançamentos.

Veja, não estou dizendo que os lançamentos não funcionam.

Em um cliente, nós faturávamos cerca de R$ 50.000 todos os meses seguindo uma estratégia bem simples:

1. Fazíamos anúncios a fim de atrair pessoas novas para nossa lista.
2. Adicionávamos as pessoas tanto à lista de e-mails como a um grupo de WhatsApp.
3. A captação começava na quinta-feira para uma aula ao vivo na terça seguinte.
4. Na aula ao vivo fazíamos uma oferta (que era essencialmente a mesma; algumas vezes mudávamos para criar um interesse diferente).
5. De terça à noite até sexta, era a oportunidade de participar da oferta na condição especial que fazíamos (geralmente um valor com desconto e mais alguns bônus eventuais).

Tecnicamente, essa é a estrutura de um lançamento (que nada mais é que um "evento de vendas", porque a oferta não é "nova", apenas era mostrada para mais pessoas que não haviam visto antes).

Você cria antecipação, entrega seu conteúdo (que pode ser uma única aula nesse caso, ou uma série de 4 vídeos — que é o lançamento clássico) e deixa a oportunidade aberta por um período de tempo (de 2 a 7 dias, em média).

Se eu faturo R$ 50.000 todos os meses (e com cerca de R$ 2.000 a R$ 5.000 de investimento em anúncios mensais), não posso dizer que não funciona, correto?

Mas o que acontece com as tais "agências"?

Elas param por aí. E acreditam que, *"agora que você fez um lançamento, tem que continuar fazendo lançamentos, porque essa é a única coisa que funciona e todo o resto é bobagem. Essa é nossa estratégia"*.

Sim, já tive inúmeras conversas como essa.

Vamos lá, meu amigo e minha amiga...

Se a sua estratégia é "fazer lançamentos", você não tem estratégia.
Em 2013, quando comprei o curso Fórmula de Lançamento, descobri qual era a verdadeira "fórmula".

Logo após pagar um valor de cerca de R$ 5.000 na época, adivinhe qual era o upsell?

Uma ferramenta pela qual era cobrado um valor mensal.

Se lembra da Casa do Dinheiro e do Funil Monstro?

Então...

O segredo da Fórmula de Lançamento não é o lançamento em si, porque, mesmo faturando milhões em vendas, muitas vezes o valor investido apenas empata em zero a zero. (Lógico, há exceções.)

O segredo está nos upsells (Backend)... e na recorrência.
Ou seja, imagine que o tal lançamento faça vendas para 1.000 pessoas, que pagaram pelo menos R$ 5.000 cada... e em seguida veem uma oferta que diz algo mais ou menos assim:

"Para fazer meus lançamentos, uso exatamente estas ferramentas, as quais quero que você também tenha acesso por apenas R$ 97/mês."

(Não sei como está o discurso de upsell hoje em dia, mas na época era bem próximo a esse.)

Depois de investir um valor tão alto, R$ 97 por mês para "usar exatamente o que o seu guru usa" é uma barganha, e eu não ficaria surpreso se quase metade dos compradores aceitasse essa oferta, o que garante fluxo de caixa mensal para a empresa.

E mais... Após o lançamento em si, também há um evento (pago) ao vivo, em que é feita a oferta de participar de masterminds de diversos níveis e valores.

Essa é uma estratégia real para ter uma série de ofertas desenhadas para se conectarem.

Hoje não recebo mais e-mails do Erico Rocha, mas lembro bem que ele também tinha mais duas formas de ganhar dinheiro após o lançamento:

1. Havia uma série de mensagens automáticas que você recebia em sequência (tanto para compradores como não compradores). Eram feitas diversas ofertas novas para transformá-lo em cliente, incluindo a ferramenta recorrente.
2. Toda semana havia uma ou mais mensagens "broadcasts", ou seja, comunicações constantes com algum conteúdo novo, e em muitos também havia ofertas novas.

Você percebe como fazer um "lançamento" é apenas a ponta do iceberg?

Com o cliente que faturávamos R$ 50.000 todos os meses, logo após o evento principal eles entravam imediatamente em uma sequência automática com cerca de 20 e-mails e ofereciam mais 2 produtos que o cliente havia construído.

Quando eu tinha meu funil de vendas ativo, a sequência era mais ou menos esta (isto é um funil de vendas, mas os gurus do lançamento dirão que é um "lançamento perpétuo"):

1. Eu fazia anúncios para as pessoas se inscreverem em minha lista e receber um "curso gratuito".
2. Nos primeiros 6 a 10 e-mails eu realizava uma venda que chamo de "soft sell", ou seja, entregava conteúdo e fazia referência ao produto que venderia em seguida.

3. Enviava mais 2 a 4 e-mails "hard sell", ou seja, eu criava mensagens focadas em de fato vender o produto...
4. Após essa sequência principal, o ciclo se repetia com novas ofertas.

Ao todo eu tinha cerca de 120 e-mails automáticos entregue ao longo de 3 ou 4 meses, e, dependendo da condição (ou seja, dependendo do que comprasse), você continuava recebendo meus e-mails por quase um ano.

Além desses e-mails automáticos, quase todos os dias eu fazia envios trazendo algum conteúdo (e também vendendo meus produtos, tanto novos quanto mais antigos).

Eventualmente eu também dava aulas ao vivo, e usava a mesma estratégia de trazer um novo número de pessoas e fazer a oferta que eu desejava.

Sem contar os anúncios de remarketing!

Como você pode ver, essa é uma estratégia que funciona.

Ao mesmo tempo, você percebe que não falei um "A" sobre redes sociais?

Porque elas são um reforço da sua mensagem, e ajudam a trazer pessoas que já te seguem para ir mais fundo no seu universo.

Em 2022, rodei cerca de 30 campanhas diferentes com um dos meus clientes, e faturamos um total de US$ 5.500.000, com cerca de US$ 3.800.000 de investimento.

Em 2023 focamos em uma única campanha que trouxe números parecidos, US$ 3.500.000 de investimento e US$ 4.900.000 de faturamento.

Isso porque também temos consciência de que deixamos muito dinheiro na mesa: não temos uma postagem social, nem uma captura de e-mails, nem mesmo follow-up após a venda, apenas anúncios "frios" para uma oferta.

(Nesse caso, minha responsabilidade era apenas "fazer dinheiro"; eu não tinha autonomia para trabalhar o restante do funil.)

Por que estou falando tudo isso? Porque quero que você comece a pensar e construir sua comunicação completa.

Eu uso o Lançamento como uma forma de construir uma audiência nova para um tema, e essa audiência em seguida entra no meu funil (que pode ser feito até via WhatsApp).

Não é parte da minha estratégia principal, porque os lançamentos são apenas uma pequena parte do que pode ser feito.

Então, não estou falando para você não fazer lançamentos, mas, sim, **ampliar sua visão.**

Em meu livro *E-mails que Vendem* falo bastante sobre a construção de funis de vendas e sobre maneiras de criar comunicações automáticas poderosas.

Agora quero aproveitar esta Carta e falar sobre mais alguns pontos importantes.

Seja trabalhando com lançamentos, funis ou mensagens diárias para seus leads (pessoas com quem você se comunica por e-mail ou WhatsApp)...

Como você pode conseguir ainda mais vendas com tudo isso?

Na verdade, é bem simples, e vou trazer algumas técnicas que você pode usar.

Para esta Carta não ficar muito grande, vou falar disso na próxima.

O que eu quero que você entenda aqui é... Quando você tem uma grande base de seguidores ou leads, há dois motivos (+ 1) pelos quais você não vende:

1. Você não fala que tem algo para vender.
2. Você não fala de novo que tem algo para vender.

LANÇAMENTOS X FUNIS

Sim, é isso mesmo.

Quando sou chamado para "auditar" funis de vendas de empresas que até têm um bom faturamento (inclusive de milhões por mês), muitas vezes me deparo com apenas 7 e-mails automáticos e mais NENHUMA comunicação, nem com os leads nem com os clientes.

Isso é mais comum do que parece.

Por isso você deve sempre procurar se comunicar com seus clientes, ampliar seus canais de comunicação e falar para eles que você tem algo a vender.

Já dei o exemplo de um lead que ficou na minha lista durante 2 anos, até o dia em que ele não apenas me contratou, como também viramos sócios.

Se minha comunicação não fosse constante e frequente, isso nunca teria acontecido.

Aliás, eu disse que há dois motivos (+ 1) que fazem você não vender.

O primeiro motivo é não falar que tem algo para vender. O segundo motivo é não falar DE NOVO que tem algo para vender.

O terceiro (+ 1) motivo também é bem simples: Você não pode ser chato.

Suas mensagens não devem ser "compre, compre, compre".

Por exemplo, nas minhas Cartas estou ao mesmo tempo contando histórias de experiências que tive, trazendo informações relevantes e, sem você perceber (muito), estou vendendo meu trabalho de consultoria.

Assim como faço de modo sutil ao longo deste livro, faço o mesmo (com maior ou menor agressividade no tom das vendas) em meus e-mails.

Então, lembre-se: você deve sempre ter o objetivo de entreter e resolver problemas.

Ajude seu cliente a ter um respiro, um momento de alívio enquanto lê seus e-mails, sua mensagem no WhatsApp e mesmo um post seu nas redes sociais.

Quando você tem o desejo genuíno de transformar a vida do seu cliente, ele se conecta com você e você tem mais vendas.

À Sua Riqueza e Felicidade!

Gustavo Ferreira

P.S.: Eu já fiz isso inúmeras vezes, e vejo cada vez mais pessoas fazendo também: você não precisa de uma "página de vendas" gigante dizendo todos os motivos por que seu produto hipermegablaster é o melhor do mundo.

Se você atrai pessoas para sua lista de e-mails, ou para um grupo de WhatsApp, conversa com elas por alguns dias, antecipando uma "aula ao vivo" ou algum conteúdo que você irá abordar... E depois você apenas diz "Meu produto é isso e vou te ajudar nisso, aqui está o link de checkout"...

Isso já é suficiente.

Se você quiser ir além (algo que eu mesmo faço muitas vezes), nem precisa criar uma "antecipação" com aula ao vivo nem nada disso.

Para dar o meu exemplo, nos e-mails quase diários que envio para a lista, faço uma antecipação do que será entregue de novo em uma oferta já existente (ou seja, para assistir a uma aula, a pessoa terá que pagar), digo o que já existe e envio um link de checkout.

Veja o modelo de uma comunicação simples como essa, após entregar o conteúdo (relevante e envolvente) por e-mail:

"É por isso que, na próxima aula do grupo XYZ, vou trazer [um convidado especial ou um conteúdo especial] e mostrar como consegui fazer 12 mil pessoas assinarem um programa de R$ 27/mês.

Tudo isso ela conseguiu fazendo exatamente o que revelei na aula anterior, seguindo 1 dos 13 modelos de publicação que ensinei.

Para participar da aula na semana que vem (e assistir à aula anterior), aqui está o link de checkout. Sem página de vendas, você tem acesso a aulas novas todos os meses."

É mágico como o segredo sempre está na simplicidade.

P.P.S.: Também não existe algo como "você está mandando mensagens demais". Já tive leads que recebiam 8 e-mails meus em 1 dia, e eles amavam ler todos. (Eram mensagens segmentadas, que você vai entender melhor na próxima Carta.)

Quantas vezes você deve se comunicar com seu cliente? A resposta quase sempre é: **Mais do que você se comunica hoje.**

Já rodei esse experimento inúmeras vezes. Se você se comunica todos os dias com seu cliente, ele chega a criar a expectativa de receber uma mensagem sua, ele fica esperando.

Quando você oferece algo para ele comprar, seu volume de vendas tende a ser muito maior.

Da mesma forma, se você se comunica APENAS quando quer vender algo (e some por meses ou semanas), suas vendas são muito menores do que poderiam ser.

Lembre-se: empreender é um jogo de longo prazo. Quanto mais você se relacionar com seu cliente, mais ele irá confiar em você. Da mesma forma, não vou enviar para minha lista de e-mails algum produto que eu mesmo não compraria. Não vou sacrificar a confiança que minha lista tem em mim por conta de alguns reais a mais na conta.

P.P.P.S.: Qual é a essência de um Lançamento?

Podemos dividi-la em quatro grandes passos:

1. Você gera antecipação

Por exemplo, imagine que você queira lançar um livro.

Você pode, em 1, 2 ou até 6 meses antes, começar a avisar sua audiência de que uma novidade está vindo.

Esse período pode até ser mais curto (de 1 ou 2 dias). Na minha experiência, o tempo ideal é em torno de 2 a 3 semanas, mas, acredite, já consegui resultados com todos os prazos possíveis.

Veja que na antecipação você pode ou não antecipar qual será a oferta. Por exemplo:

"Guardem esta data: dia 12 de julho lançarei meu novo livro."

"Atenção: no dia 12 de julho vou preparar algo megaespecial para você."

A primeira mensagem é mais direta e a segunda é "cega", e ambas funcionam muito bem.

2. Aquecimento

Após a antecipação, você precisa aquecer seu público e deixá-lo empolgado e curioso com o que está por vir.

Você pode fazer isso em todas as redes que quiser, sejam redes sociais, e-mails, WhatsApp e até anúncios.

Você tem algumas opções aqui, na verdade.

Você pode fazer uma "comunicação única" (como a Martelada, sobre a qual falarei na próxima Carta)...

Você pode fazer uma aula ao vivo...

Você pode fazer uma semana de aulas ao vivo e vender no final...

Você pode fazer os clássicos 4 vídeos de lançamento...

Você pode colocar todo mundo em um grupo de WhatsApp (e também enviar e-mails), entregando seu material e vendendo no final...

Essas são algumas das maneiras mais clássicas de fazer, e você pode escolher qualquer uma delas.

Acho que a esta altura você já percebeu que eu procuro ir sempre pelo caminho da simplicidade.

Alguns vídeos e textos aquecendo (entregando valor) e antecipando... um aviso de que as vendas estarão abertas no dia seguinte...

Ou mesmo um simples aviso, como "no final desta aula vou liberar as vendas/inscrições".

E, como já disse, hoje em dia eu chego a "pular" a criação de páginas de vendas e ofereço o checkout direto.

3. Vendas

Após aquecer e antecipar, você inicia as vendas de fato.

Você pode fazer isso como achar melhor.

Se é uma campanha que tem início e fim, deixo aberta de 1 a 7 dias. (Particularmente prefiro entre 2 e 4.)

Nesse período você de fato "vende" sua oferta, mas também não se esqueça de que você quer transformar a vida do seu cliente.

Traga histórias suas e de outros clientes, tire dúvidas, apresente outras perspectivas (e mesmo complementos como bônus da sua oferta principal).

4. Encerramento

Nem todas as campanhas terão um fim (por exemplo, meu livro está sempre disponível), mas você pode criar também o "fim dessa condição" ("esse preço", ou "esse bônus", ou "essa condição", é apenas até essa data).

Por que é importante encerrar?

Porque a maioria das pessoas, infelizmente, só age quando vai "perder" algo, e deixa para resolver no último minuto.

Em grande parte dos lançamentos, a maioria das vendas ocorre no primeiro dia e no último.

E esse é todo o princípio por trás de um Lançamento.

As formas variam de acordo com o seu gosto.

Agora... como eu já disse, gosto de fazer lançamentos apenas de coisas **novas**.

Também tenho ofertas que vivo "requentando" e uso uma estrutura praticamente igual a esta que acabei de mostrar.

(E na maioria das vezes envio apenas um "P.S." no rodapé dos e-mails.)

Por isso, "lançamentos" como são vendidos por aí nada mais são que uma tática de vendas, e não uma estratégia completa.

P.P.P.P.S.: Aliás, no contexto em que escrevo esta Carta, sigo um caminho muito mais simples e rápido. Faço campanhas de marketing (que inclusive pode ser um lançamento) para atrair audiências novas... e para todo o novo público, envio mensagens individuais diretas perguntando sobre eles, perguntando qual é a necessidade de cada um, e com isso faço uma venda individual.

Nós esquecemos que o marketing é uma forma de alcançar novas audiências, e um marketing bem-feito facilita MUITO o processo de vendas... Mas a venda direta, doce e simples, é a maneira mais eficaz e poderosa de vender.

Exercício proposto

- Como você pode criar Lançamentos que atraem uma nova audiência para seu negócio?

- Como você cria novas oportunidades para sua audiência atual comprar de você?

Carta 14
O MARTELO DE THOR

Eu não quero comprar duas geladeiras • O Martelo de Thor e a Martelada de vendas • Faça seus clientes levantarem a mão • Não coloque o Chuck Norris em um liquidificador • O poder do 80/20 • Como vender com apenas 9 palavras

Caro amigo e cara amiga,

De tempos em tempos preciso fazer um upgrade no meu computador (seja porque derrubei chá nele, seja porque ele não está mais dando conta do que preciso que ele faça).

Há muitos e muitos anos sou cliente fiel da Dell, que, dentre as opções no mercado, ainda é a marca que me oferece o melhor custo-benefício quando preciso fazer essas trocas.

Então, analisemos a seguinte situação...

Sou cliente fiel... muitas vezes recomendo a marca para outras pessoas... e ainda assim NÃO SUPORTO as comunicações via e-mail deles.

Por quê?

Bem, cada vez que realizo uma compra, sou automaticamente reinscrito na newsletter deles.

Então, imagine isso... se eu acabei de comprar um computador, faz sentido você continuar me oferecendo computadores?

Você pode argumentar que posso trabalhar em uma empresa com outras pessoas que também podem precisar comprar...

E a Dell me enviar alguns e-mails eventuais sobre isso ainda vou entender e aceitar.

Mas qual o problema?

Quase todos os dias eles apenas enviam ofertas imperdíveis de computadores, servidores e algum acessório. E isso é tudo sobre o que eles falam.

Não é um relacionamento real. É apenas aporrinhação com ofertas que não me interessam.

Da mesma forma, quando comprei uma geladeira, recebi e-mails me oferecendo outra geladeira. E outra geladeira. E outra geladeira.

Queridos enviadores de e-mail, eu não quero outra geladeira!

Muitas pessoas acham que "enviar e-mails para os clientes" é fazer exatamente isso... quando, na verdade, isso é apenas spam.

Por isso você deve, de fato, se RELACIONAR com seu cliente.

Você não chega para um amigo e diz: "Oi, quer comprar uma geladeira?"

Se for um bom amigo, vocês perguntam como está a vida um do outro, os dois trocam histórias e, se por acaso vocês falarem sobre cozinhar, aí, sim, você comenta que trocou sua geladeira para uma muito melhor.

Esse mesmo relacionamento você deve ter na sua comunicação, seja nas redes sociais, por e-mail ou WhatsApp.

Se eu comprei uma geladeira, posso estar interessado em receitas (que podem ser feitas com uma air fryer — que coincidentemente a empresa também vende ou indica), ou até em "como dar uma festa" e usar o "modo festa" da geladeira.

Da mesma forma, cuidados e otimizações com meu computador, dicas para ter um melhor uso e não ficar com dores depois de tantas horas de trabalho, aplicativos para melhorar a produtividade, como melhorar a segurança, são coisas que poderiam me interessar.

Ou seja, não existem "nichos chatos" — só você é que pode ser chato :)

Há muitos anos uma empresa de liquidificadores fez uma campanha com a chamada "Will it blend?" [Será que irá triturar?, em tradução livre], na qual eles colocavam dezenas de objetos dentro do liquidificador e os trituravam.

Fizeram isso inclusive com um iPhone! E, em uma sacada genial, colocaram nele uma figurinha do Chuck Norris e mostraram que o liquidificador não conseguia triturá-lo.

Lembre-se: você está limitado apenas pela sua própria imaginação e criatividade.

Voltando ao exemplo do computador e da geladeira, como isso poderia ser mais bem trabalhado?

Há três formas principais de segmentar seu cliente:

1. Crie comunicações exclusivas com seus clientes.
2. Crie uma conversa geral com todos.
3. Crie uma conversa com quem "levantar a mão".

Vamos começar com a terceira forma.

Imagine que você fale sobre emagrecimento, e tenha uma lista com 10 mil pessoas (ou mesmo 10 mil seguidores nas redes).

Você pode enviar uma mensagem para todo mundo e falar que preparou uma série de conteúdos voltados especificamente para mães com filhos de 0 a 2 anos.

A não ser que esse já seja o seu foco, é provável que apenas uma parte do seu público se encaixe nesse perfil, certo?

Ou seja, você envia uma comunicação para "todo mundo", mas continuará a conversa apenas com os interessados (com quem "clicar" no e-mail ou responder que quer participar).

Essa segmentação é ótima, e é a que realmente uso e recomendo na maior parte das vezes.

Se eu vou fazer um lançamento para minha lista existente, faço chamadas para todos, mas apenas quem "levantar a mão" (como clicar em um link específico) receberá todas as mensagens sobre essa oferta específica.

Isso vai gerar alguns efeitos.

O primeiro é que você terá MENOS pessoas recebendo suas mensagens.

Mas você terá mais pessoas interessadas, evitará reclamações de spam e sua lucratividade com esse número de clientes será maior.

Já consegui a proeza de fazer 12 vendas de R$ 6.000 para uma lista de 40 pessoas nesse formato. Claro que foi uma exceção, mas é o poder da hipersegmentação e de falar com pessoas realmente interessadas.

Aqui há outro conceito importante. Tenha em mente que 80% dos seus resultados virão de 20% do seu esforço. Aplicado a esse cenário de uma campanha, 80% das suas vendas são feitas para 20% da sua lista.

Então, se eu posso criar uma lista segmentada nos 20%, posso até mesmo fazer uma comunicação mais agressiva (que eu não faria se estivesse enviando para a lista completa).

Da mesma forma, na sua lista de clientes, 80% têm capacidade de pagar até R$ 500 e 20% têm capacidade de pagar até R$ 5.000. Mas só 4% (20% de 20%) têm capacidade de pagar até R$ 20.000.

Essas proporções se mantêm o tempo todo.

Sempre que posso, faço essa segmentação para falar com minha lista realmente interessada.

Em compensação, também há cenários nos quais estou apenas enviando mensagens de relacionamento, ou então fazendo uma oferta mais genérica, para a qual não preciso de uma segmentação específica.

Ou seja, são mensagens e e-mails de dia a dia, ou mesmo ofertas genéricas (nosso segundo cenário).

Você só precisa enviar suas mensagens normalmente, contando histórias, entregando conteúdo de valor e fazendo ofertas pontuais.

Se você deseja fazer uma oferta para toda a sua lista, sem segmentar, também pode, mas, como eu disse, o ideal para isso é que seja uma oferta para "todos emagrecerem", em vez de "mães com crianças de 0 a 2 anos".

Se eu tenho uma lista de copywriters, posso fazer uma oferta de e-mail marketing, Story$elling e anúncios, sem segmentar. Mas para os copywriters que desejam se transformar em agências de publicidade eu poderia criar uma segmentação específica.

Veja que os parâmetros não são fixos, e você pode adaptar e ajustar de acordo com o que sentir que é melhor para você.

Agora...

Por que comecei falar com quem "levantar a mão" (a terceira opção), depois "falar com todo mundo" (a segunda opção) e apenas agora vou falar da primeira opção?

Eu poderia inverter a ordem 3-2-1 para 1-2-3, mas assim fica mais divertido e você consegue amarrar as pontas de forma mais fácil. Agora veja a resposta.

Independentemente de você "vender para todos" ou para quem "levantar a mão", você pode criar uma comunicação exclusiva com quem já é seu cliente.

Por exemplo, imagine que você está fazendo uma oferta para 1.000 pessoas e 200 já são seus clientes.

Antes de enviar uma mensagem para "todo mundo", você envia uma mensagem apenas para os seus clientes.

Inclusive gosto de adicionar nos e-mails a palavra "[vip]" no assunto.

Nessa mensagem, posso falar que vou dar um conteúdo, condição ou mesmo um preço diferenciado para quem já é cliente.

Ou seja... **você pode fidelizar ainda mais quem já está com você.**

Você pode dizer que todo mundo receberá uma mensagem em determinado horário e o seu cliente vip receberá duas horas antes (para que ele possa garantir um bônus exclusivo e limitado, por exemplo).

As possibilidades são incontáveis.

E veja o poder disso: você está criando uma comunicação para todos e uma comunicação única (vip) para seus clientes.

Lembra que falei da proporção 80/20?

Na situação de que você está fazendo uma campanha para 1.000 pessoas, e 200 são seus clientes, 80% das vendas virão dessas 200 pessoas.

A segmentação nesse formato é o que chamo de "Martelo de Thor", e você não tem ideia de como essa ferramenta é poderosa.

Já consegui faturamentos acima de R$ 20.000 para listas com menos de 2.000 seguidores usando essa estratégia.

E você pode ir além.

Você também pode segmentar seus clientes em três categorias:

1. Tempo desde a última venda.
2. Quantidade de produtos vendidos.
3. Valores já pagos.

Perceba... quem pagou um valor mais alto (por exemplo, R$ 10.000) recebe uma comunicação diferente de quem pagou um valor menor (como R$ 100).

Você também pode criar segmentações baseadas em tempo e interesse. Por exemplo, imagine que alguém se interessou por um "livro de vendas" no passado. Você pode enviar um e-mail simples como este:

"Você ainda está interessado em vender mais?"

Essa é uma variação do clássico "e-mail de 9 palavras" (que, na verdade, não tem obrigatoriamente 9 palavras), no qual você faz uma pergunta simples e direta ao seu cliente. Por exemplo:

"Vou reunir um grupo de empreendedores na minha casa em Bertioga no mês que vem. Você está interessado?"

"Você já usou a dieta cetogênica para emagrecer?"

"Você ainda está interessado em se comunicar melhor?"

Mensagens como essas (tanto para seus VIPS como para sua lista geral) podem gerar rios de dinheiro para você.

Geralmente faço isso enviando e-mails, mas também já testei e tive muitas respostas com stories, posts no feed do Instagram e também enviando mensagens de follow-up diretas.

E por que isso é importante?

Porque, estatisticamente, 50% dos seus leads NUNCA vão comprar de você (por isso prefiro criar uma lista de compradores em vez de uma lista de leads).

15% dos seus leads comprarão em 90 dias.

Isto é, são nos primeiros 3 meses do relacionamento com o cliente que você tem a maior chance de vender para essa pessoa.

Nosso trabalho é descobrir quem são esses 15% e fazê-los comprar o mais rápido possível (desde que seja bom para eles também, lógico).

35% dos seus leads comprarão de você em até 18 meses.

Ou seja, há empresas que se comunicam apenas durante 7 dias com sua lista e depois nunca mais fazem contato.

Isso deixa MUITO dinheiro na mesa.

Por isso reforço que você tem que criar uma comunicação e um relacionamento de longo prazo com seu cliente.

Você deve sempre entreter e resolver problemas.

Em meu livro *E-mails que Vendem* eu ensino a criar campanhas automáticas para você poder se comunicar com seu cliente de forma contínua, principalmente nos 90 dias iniciais.

Depois disso, você TAMBÉM pode continuar com e-mails automáticos, mas sugiro que também crie e-mails pessoais e personalizados (como newsletters, ou broadcasts — envios programados).

E você não precisa se limitar a e-mails (por mais que seja meu meio preferido, que vende 40 vezes mais que as mídias sociais).

Você também pode criar automações no WhatsApp, no Messenger e até no SMS.

Com o boom do ChatGPT em 2023, a inteligência artificial vem despontando com cada vez mais força, e surgirão ainda mais oportunidades de criar chatbots personalizados.

Só tenha em mente que, por mais que a IA se desenvolva, nada substitui o toque humano.

Inclusive é por isso que hoje priorizo fazer envios de mensagens individuais acima de qualquer "técnica" de marketing, para que, além do "marketing", a venda priorize o contato humano e a interação com o cliente.

Você pode estar pensando que tudo isso é um pouco complexo para o momento em que está agora.

Se for o caso, tenho uma técnica chamada "Martelada" que você também pode utilizar.

Mas preste atenção, porque essa técnica pode ou não ser usada com o Martelo de Thor, ok?

A Martelada funciona da seguinte forma: você diz para o seu público algo como:

"Nos próximos 5 dias vou compartilhar um material incrível sobre XYZ. E já aviso que no final vou fazer uma oferta sobre o meu curso ABC.

"Se você quer receber tudo que vou mandar, clique aqui."

Você pode ou não usar sua "lista VIP", e mesmo a parte do "clique aqui" é opcional (apesar de que eu prefiro, para poder segmentar o público e falar apenas com quem "levantar a mão").

Depois dos 5 dias durante os quais você realmente entrega o que prometeu, no último e-mail você diz algo mais ou menos assim:

"Como prometi, enviei um material incrível sobre XYZ, e agora vou oferecer o meu programa."

Você faz seu pitch normalmente e fala de todos os benefícios, e já pode enviar o link de vendas.

Geralmente, no sexto dia eu envio apenas uma mensagem como "única chamada", e faço novamente a venda.

No máximo envio mais um e-mail para quem clicou no link de vendas e ainda não comprou.

O segredo para isso funcionar é você reforçar que é uma oportunidade **única**, e em seguida você não precisa enviar dezenas de mensagens.

Se o cliente quer, ele quer e ponto. Se não, perdeu.

Esse é um formato de campanha que eu adoro, porque já fazemos um pré-acordo ANTES de começar a vender, e quem clicar já estará aberto a receber a oferta.

Essa Martelada também faz parte do pacote de campanhas que gosto de aplicar em diversos clientes.

E tenho certeza de que isso pode ser muito útil para você também.

À Sua Riqueza e Felicidade!

Gustavo Ferreira

P.S.: Há outra segmentação muito importante: capturar e-mails ou dados de contato das pessoas que foram até o checkout e, por algum motivo, não concluíram a compra.

Muitas pessoas realmente não concluem o processo de vendas quando chega a hora de pagar, mas em média uma a cada 3 pessoas pode concluir a compra se você fizer um acompanhamento adequado (o mesmo vale para quem gerar boletos).

Para os leads que realmente ainda não compraram, você pode oferecer outros produtos (por exemplo, de menor valor) para incentivá-los a comprar.

P.P.S.: Uma última informação ligada a "follow-up": **As fortunas são feitas no follow-up.**

Há empresas que pegam os dados de clientes, mas nunca mais entram em contato com eles, não criam relacionamento nem fazem novas ofertas.

Há vendedores que fazem follow-up por apenas uma semana, ou um mês.

Então, minha dica é: faça follow-up com seu cliente. Crie um relacionamento real, e ele VAI comprar de você.

Exercício proposto

- Crie uma campanha que use os princípios de segmentação.

- Quais os diversos públicos para os quais você pode criar comunicações separadas?

Carta 15
SUA VISÃO 10X

Construa ativos • O efeito bola de neve da preeminência •
Crie sua própria árvore

Caro amigo e cara amiga,

O processo de reescrita das Cartas de Ouro para Empreendedores tem sido muito interessante.

Isso porque estou realmente extraindo a essência dos ensinamentos originais e trazendo uma visão mais direcionada e prática para você.

Lembre-se: você está limitado apenas por si mesmo.

Logo na primeira Carta, "Um Chamado Para o Sucesso", mencionei uma mensagem de Ryan Levesque em que ele disse que *grit* é tudo que ele tem e é tudo de que você precisa.

***Grit*, meu amigo e minha amiga, também é tudo que eu tenho, e tudo de que você precisa.**

Perry Marshall fala que precisamos construir um negócio preeminente. E o único modo de fazer isso é Compartilhar com seu cliente. Isso também é algo espiritual (por isso escrevi o livro *Gatilhos da*

Alma: Como criar uma linha direta para conversar com sua alma e consciência espiritual, lançado pela Best Seller).

Quando você descobre quem você é, qual é a sua missão, e decide realizar essa missão por meio do empreendedorismo, seus valores espirituais são transmitidos para sua empresa.

Desse modo, você naturalmente atrairá as melhores pessoas para trabalhar com você e seus clientes entrarão em ressonância com sua própria vibração, a cultura e os valores que você colocar em sua empresa.

E esse desejo de realizar sua missão, de ajudar a transformar a vida dos seus clientes, se traduz também de forma natural nesse negócio preeminente.

O que é a preeminência?

É compartilhar tanto valor com seu cliente que você se torna uma das maiores autoridades e referências no seu nicho.

Seus clientes vão se apaixonar, te seguir, te indicar e o colocará ALÉM de toda e qualquer concorrência, porque ninguém conseguirá chegar nem perto do que você oferece. Você se torna seu próprio nicho.

A estratégia de preeminência é o padrão de excelência que você deve buscar.

Por exemplo, se você faz vídeos de 1 hora toda semana (ou mesmo de 30 segundos), isso pode ser publicado em várias redes em cortes menores, transformado em imagens, você pode criar artigos em seu blog, enviar por e-mail e transformar até em arquivos de áudio para quem não pode ou não quer ler.

E você ainda impulsiona esse conteúdo para cada vez mais pessoas te encontrarem.

Você também pode criar eventos, palestras, cursos, grupos fechados, grupos abertos, aparecer em podcasts etc., e pouco a pouco você constrói sua trilha de autoridade no mercado.

Veja que isso pode ser feito, inclusive, para negócios físicos e locais. Um brechó perto de casa se tornou um pequeno centro de eventos, e quase todas as mulheres do bairro conhecem o local.

Um sebo local também se tornou não apenas um ponto de encontro para conversar, ler e comer, mas também um espaço para eventos promovidos por autores grandes e pequenos, e virou uma referência no bairro.

Por que uma hamburgueria ou uma pizzaria, por exemplo, não podem fazer o mesmo?

Dei exemplos de negócios locais aqui, mas esses mesmos negócios podem explorar o mundo digital (e negócios "nativos digitais" naturalmente já têm um alcance enorme).

E você pode usar toda a sua capacidade de produção de conteúdo para criar uma estratégia de preeminência.

O que eu quero dizer?

Existe um conceito chamado "tempo de vida" de uma publicação.

É o seguinte: a partir do momento em que você publica algo em uma rede social, essa postagem tem um "tempo de vida" em que ela é relevante.

Para a maioria das publicações, passado esse tempo de vida, raramente sua publicação será vista de novo.

Por exemplo, de acordo com dados de 2024, uma postagem no X (antigo Twitter) tem um tempo de vida de 24 minutos.

Uma publicação no Facebook tem um tempo de vida de 105 minutos (menos de 2 horas).

No Instagram, 1.200 minutos (20 horas).

LinkedIn, 24 horas.

YouTube, pouco menos de 9 dias.

Blogs, cerca de 2 anos.

Com as mudanças nas redes de busca, já é possível ver que essa relevância vem diminuindo, porque têm sido priorizadas "respostas sumarizadas", que não levam para a fonte original da informação.

Ainda assim, publicar um texto em um blog ainda gera uma oportunidade maior de ser visto do que um tuíte.

Também há formas de fazer uma otimização das publicações de redes sociais, mas a grande questão é: você não pode ficar refém de nenhuma rede.

Esse é um dos motivos pelos quais continuo defendendo o e-mail marketing. E mesmo os gurus influencers estão dizendo que você também deve trabalhar isso.

(Apesar disso, lembre-se: eu não sou o maior fã de redes sociais, mas reconheço que elas atraem pessoas que vão se interessar pelo seu conteúdo mais organicamente — e inclusive uso isso para fazer vendas diretas.)

Não importa a maneira como você decidir tocar seu negócio, sempre procure ser preeminente.

Eu, particularmente, gosto de criar 1 bom conteúdo e fazer re-proposições dele.

Um vídeo de 20 minutos pode ter vários cortes de 30 segundos a 2 minutos, e pode ser transformado em imagens com as lições principais.

Dessa forma eu posso sempre postar sem me matar para criar conteúdos distintos (e tenho uma equipe que me auxilia em todo esse processo).

Além disso, você precisa pensar em como criar ativos para seu negócio.

Por exemplo, este é o meu 6º livro.

Cada um dos meus livros é um ativo, que, além de me gerar renda passiva, atrai diversos clientes.

Grupos de Facebook ou mesmo de WhatsApp, Telegram etc. podem se transformar em ativos para o seu negócio, porque todas essas redes são potenciais fontes de monetização e crescimento, além de manter você sempre presente (preeminente) na vida de seus clientes.

Sua lista de e-mails e de clientes é um dos seus maiores ativos, porque permite que você se relacione com as pessoas interessadas no que você tem a dizer, e assim você fica muito menos refém das mudanças constantes das redes sociais.

Quanto mais você construir ativos como esse, mais perto chegará de alcançar sua liberdade de tempo e dinheiro como empreendedor ou empreendedora.

Isso não é algo que se constrói da noite para o dia.

Hoje colho os frutos de ter passado anos criando ativos.

E, sinceramente, se eu não tivesse "saído" do mercado (fiquei alguns anos sem publicar nas redes e só criei meu Instagram em 2023), provavelmente estaria em um patamar ainda maior do que estou hoje.

Mas escolhi me afastar justamente para conseguir me encontrar e recuperar minha saúde física e mental.

Isso é muito importante também. Por isso dou tanta ênfase à ideia de que você deve comprar tempo.

Eu já sofri grandes baques por ser a pessoa responsável por tudo, trabalhando horas e horas a fio, preso em tarefas que sugavam minha energia, e até mesmo não fazendo o que queria!

Para você ter ideia, eu AMO e-mail marketing... mas em determinada época não suportava mais enviar e-mails simplesmente porque a ferramenta que eu usava foi de "a melhor do mercado" para a de "a pior do mercado" em meses.

Então o que antes era prazeroso se tornou um sofrimento cruel — justamente porque eu tinha que fazer tudo.

Havia dias em que eu escrevia um e-mail em 10 ou 15 minutos, e levava quase o mesmo tempo apenas para conseguir chegar ao botão "enviar".

Mesmo muitos dos meus clientes gostando de mim, dos meus produtos, dos meus e-mails, de tempos em tempos aparece um maluco que fala um monte de coisas sem sentido, e há um custo psicológico muito grande nisso.

Todas essas coisas me afundaram, porque nunca consegui me desvincular do processo.

Minha empresa estava 100% ligada a mim (exceto pelos ativos que eu havia construído), por isso decidi dar alguns passos para trás.

Em 2019 conheci uma empresa que faz investimentos baseados na venda de mogno-africano, e é um plano de retorno de 18 anos.

Mesmo não tendo investido com eles, eles me inspiraram a criar meu próprio plano de 18 anos, que segmentei em alguns planos, e os quais tenho construídos desde 2014:

- Um **plano de segurança**, para eu ter todas as despesas cobertas no caso de uma emergência por um ano (você pode começar com 3 meses, mas gosto de ter um "colchão" por 1 ano).
- Um **plano de conforto**, para eu conseguir ter metade das minhas despesas cobertas por "renda passiva" (seja por meio de royalties dos livros, imóveis ou rendimentos de investimentos).
- E um **plano de riqueza**, que é o patamar no qual todas as minhas despesas são cobertas pelos meus rendimentos passivos (que inclui meus livros, investimentos, negócios, imóveis e outros).

Esses 3 planos já são um guia, e me ajudam a saber se estou no caminho certo ou não.

Esse plano de 18 anos foi um complemento, e eu o estruturei da seguinte forma:

Daqui a 18 anos, qual é o valor que desejo ter em investimentos e qual o rendimento desses investimentos?

Eu simplesmente tracei uma meta de quanto devo guardar todos os meses e anos até lá, e acompanho a evolução.

Por que esse plano foi importante? Porque, da mesma forma que mencionei o "ano perfeito" na Carta "O Começo da Jornada", se eu conseguir manter esse plano ativo sei que vou atingir o sucesso, mesmo que outras coisas deem errado.

Esse plano me trouxe uma paz mental enorme.

Mas por que estou falando disso com você?

Da mesma forma que foi importante para mim, também quero que você pense em quais são seus planos de segurança.

Quanto você precisa ter de dinheiro guardado se ficar 1 ano sem trabalhar?

Defina seu plano de conforto: **Quanto dinheiro (ou o que) você precisa ter para que 20% a 50% da sua renda seja passiva?**

E trace um plano de riqueza: **Quanto você precisa para ter suas despesas totalmente cobertas?**

Acompanhe sua evolução ano a ano. Mesmo que tenha um emprego (como foi a minha escolha por um bom tempo), você também pode criar e trabalhar nesses planos.

Isso nos traz agora para sua empresa.

Porque eu quero que você imagine como seria sua empresa e seu negócio hoje se você fosse 10x maior, e imagine um horizonte de 10 anos.

Quanto mais detalhado for, melhor.

Por exemplo, você pode querer estar em 10 cidades diferentes. Nesse caso, diga o nome das cidades.

Ter um determinado número de vendas de um produto, um número de seguidores nas redes sociais, ou até mesmo fazer um filme.

Você também pode usar sua Visão 10x para imaginar sua vida. Viajar duas vezes por ano para países diferentes. Trabalhar apenas 4 horas por dia de segunda a quinta. Jantar 1 vez por semana com sua esposa ou seu marido. Passar mais tempo com seus filhos.

Crie essa visão de sucesso.

Agora que você imaginou (e detalhou) seu sucesso, pense: onde você precisa estar daqui a 5 anos para atingir essa meta?

Onde você precisa estar daqui a 2 anos?

E, por último, o que você precisa realizar ESTE ANO para atingir essa meta?

A partir do momento em que consegue criar esse plano de 10 anos e ver os "passos menores", você estabelece metas claras.

Lembre-se: Se você não sabe para onde vai, qualquer caminho serve.

Então, personalize e especifique sua visão de sucesso e simplesmente faça.

E aqui está mais um segredo: você precisa de SISTEMAS e PROCESSOS para alcançar seu objetivo.

Por exemplo, se para este ano você colocou como meta atingir 10.000 seguidores nas redes sociais, um processo pode ser o seguinte:

1. Fazer 1 live por semana com alguém que já tem seguidores.
2. Criar 3 cortes de 30 segundos de cada live.
3. Impulsionar por R$ 5 por dia, por 7 dias, cada corte.

Você não pode controlar se vai ou não atingir os 10 mil seguidores. Mas você tem controle sobre o processo que pode te levar a chegar a esse resultado.

Da mesma forma, você não pode controlar se vai conseguir emagrecer 10 quilos, mas tem controle sobre quantos quilômetros caminha por dia, o que come em cada refeição (em ingredientes, peso do prato ou caloria) e quantas vezes por semana se exercita.

Se você seguir esse processo por 1 ano, o sucesso é inevitável.

Eu faço essa lista de objetivos de longo prazo pensando em 10 anos à frente, e às vezes faço até de 25 anos. Mas gosto sempre de revê-la para saber se o que estou fazendo hoje continua alinhado com esses objetivos.

É preciso inclusive saber se esses objetivos ainda são válidos! Porque, por algum motivo, "ter uma casa na praia" pode ser importante hoje, e amanhã não ser mais.

Também gosto de pelo menos a cada trimestre rever se os objetivos que defini para meu ano estão no caminho de ser alcançados. E diariamente observo se as decisões que tomo estão me impulsionando em direção a essas metas.

Por exemplo, em 2023 minha meta para o período de um ano era alcançar um determinado faturamento, e, quando já haviam passado 9 meses, percebi que faltaria 30% para atingir o objetivo.

Então adotei uma série de ações que me permitiram criar esses 30% de faturamento restantes (por meio de novas negociações de trabalho que fiz).

Se eu não acompanhasse minhas metas com frequência, poderia ter 30% a menos de faturamento, e isso não me deixaria feliz quando fizesse o fechamento.

Da mesma forma, se quero aprender um novo idioma, controlo quantas aulas faço por semana.

Você está no controle da sua vida e do seu negócio.

Se sua empresa (ou sua vida) não está indo na direção que deseja, você tem o direito de mudar e de criar a realidade que melhor se ajusta a VOCÊ.

Não espere pelos outros.

Eu acredito em você.

Tenho certeza absoluta de que você é capaz de realizar tudo que você deseja, e sei que você tem tudo que é preciso.

À Sua Riqueza e Felicidade!

Gustavo Ferreira

P.S.: Quero aproveitar que falei sobre planos e trazer um "plano de enriquecimento" para você.

O segredo para enriquecer é seguir 4 passos:

1. Viva com menos do que você ganha. Isso é autoexplicativo.

Mesmo que você argumente que já vive no limite e não tem como fazer cortes, temos o segundo passo.

2. Aprenda e desenvolva habilidades que façam você ganhar mais.

A internet hoje é cheia de oportunidades de aprendizado. Você pode aprender praticamente qualquer coisa.

O corte de despesas tem um limite, mas quanto você ganha não.

Se você tem uma empresa, encontre formas de vender mais.

3. Coloque o que "sobrar" em investimentos seguros. Se possível, guarde 10% a 20% da sua renda mensal. Se for menos, tudo bem também, mas comece. (E aqui há um detalhe: conforme você passe a ganhar mais, não aumente seus gastos de forma equivalente. Sim, você pode usufruir mais, mas não torrar tudo.)

Esses investimentos seguros vão ter rendimentos menores, mas sempre trarão alguns juros e continuarão crescendo.

É fantástico o poder dos juros compostos.

4. Separe no máximo 2% do seu patrimônio para investimentos mais agressivos. Por exemplo, se você tem R$ 100.000 guardados, use no máximo R$ 2.000 em investimentos agressivos.

Gosto da teoria dos investimentos assimétricos. O risco é altíssimo, muitos investimentos podem afundar, mas, se você colocasse R$ 1.000 em bitcoin em 2012, teria se tornado milionário. Isso é um investimento assimétrico.

Faz parte dos meus planos que comentei antes, e dessa forma você não perde seu patrimônio principal e pode constantemente conseguir picos de crescimento, que pouco a pouco te ajudam a sair do desespero de estar sempre sufocado.

Veja bem, isso não é sexy. É bem chato, na verdade. (Quantas vezes você já viu alguém vender um curso dizendo que vai te ensinar a como enriquecer lentamente?)

Mas isso não apenas me ajudou, como também testemunhei grandes mudanças na vida de outras pessoas.

P.P.S.: Sobre suas metas de 10 anos e suas metas anuais, aqui está mais uma sugestão: faça uma verificação DIÁRIA, principalmente das suas metas anuais.

Por exemplo, imagine que sua meta seja emagrecer 10 quilos e que o seu "sistema de sucesso" envolve não comer doces por 12 meses.

Em uma situação na qual você tem que escolher entre comer um doce ou comer uma fruta, é bem óbvio qual decisão irá te levar mais perto do seu objetivo.

A mesma lógica vale para o seu negócio. Às vezes tomamos decisões de negócio que não estão alinhadas com nossos objetivos. Então nos perdemos e quando vemos estamos novamente tomando ações e atitudes que nos afastam do que realmente queremos para nós e nossa vida.

Particularmente tenho um quadro com alguns Post-its nos quais anoto meus objetivos. Eu releio eles diariamente e analiso cada uma das minhas decisões. É algo que me possibilita, inclusive, perceber quando algum desses objetivos perde relevância ou deixa de ser importante.

Exercício proposto

- Crie sua Visão 10x. Imagine isto: como seria uma vida 10x melhor do que a que você tem hoje? Como seria a sua empresa se ela fosse 10x maior do que é hoje? Seja específico e dê detalhes.

- Trace de 3 a 5 objetivos para os próximos 12 meses e verifique diariamente se suas atitudes estão alinhadas a esses objetivos.

- Quais ativos você tem hoje no seu negócio? Quais você pode construir?

- Qual a sua rotina de sucesso para atingir os objetivos que você deseja?

- Crie seus planos de segurança, conforto e riqueza.

Neste link, vou deixar uma planilha que pode te ajudar nesse planejamento: cartasdeouro.com.br/presente

Carta 16
A ESTRATÉGIA ELON MUSK

O mito do empreendedor sem-vergonha • *Premium* primeiro • Como ficar rico sendo preguiçoso ou incompetente

Querido amigo e querida amiga,

Estamos chegando às Cartas finais deste livro, e estou muito feliz. Porque nesse processo de reescrita pude realmente extrair a essência do que eu tenho para compartilhar e, de forma simples, trazer estratégias práticas, provadas e reais para você.

Nesta Carta quero expandir o que comecei a falar na anterior sobre construir ativos. Estou falando da construção de ecossistemas.

Elon Musk é considerado um dos maiores empreendedores do mundo, e está causando grandes mudanças.

A Tesla popularizou carros elétricos. A SpaceX provou que é possível reutilizar foguetes, e deu início a uma nova corrida espacial mundial. A Starlink provê acesso à internet para todas as partes do mundo.

Não vou entrar no mérito dele como "pessoa", suas crenças e atitudes como empreendedor ele realmente é uma referência de sucesso pelo que construiu.

O que quero que você aprenda com ele são duas lições muito importantes.

A primeira é a maneira como ele realizou uma série de vendas.

Por exemplo, em 2016 ele conseguiu 325.000 "pre-orders" do modelo Model 3, levantando no total US$ 12.000.000.000 em apenas um fim de semana para financiar um carro que ainda nem existia (que seria seu modelo "popular", a partir de US$ 42.000 a unidade).

Antes de fazer isso, porém, desde 2008 a empresa trabalhava com a versão "Roadster", que era vendida inicialmente por US$ 100.000 e aos poucos foi ficando mais acessível (em 2010 era possível comprar um por cerca de US$ 78.000).

Por que estou falando isso?

Porque primeiro ele trabalhou um produto *Premium*, de maior valor, aprendeu, refinou e DEPOIS popularizou o produto por meio de um modelo de entrada mais acessível.

Dessa forma ele pôde se capitalizar, ao mesmo tempo que preparava terreno para um novo "produto de entrada".

Gosto disso porque dessa forma você não precisa se preocupar em criar um "produto perfeito", e pode construir enquanto está com o carro andando (para aproveitar a analogia).

Após validar o produto de maior valor, você pode transformá-lo em um produto mais acessível.

Fiz isso com meu serviço de e-mail marketing (que depois virou curso e livro), e de certa forma até mesmo com meu serviço de consultoria (que se transformou neste livro).

Eu ainda posso criar produtos (ou variações do que já ofereço) que atendam às diversas necessidades do meu mercado.

Mas a lição principal aqui é: PRIMEIRO eu valido o produto com uma oferta premium e depois transformo em algo mais acessível.

Na primeira vez que entreguei o conteúdo que depois se transformou nas Cartas de Ouro, eu ofereci 3 aulas ao vivo pelas quais cobrei R$ 500, mas não é sempre que faço isso.

Muitas vezes também criei produtos de entrada de baixo valor imediatamente (mas lembra do *Product-Market Fit*, que mencionei na Carta "A Casa do Dinheiro"? Não crio nada sem vender antes) para suprir uma demanda específica de negócios.

Frequentemente sou acionado por empreendedores que já prestam serviços no "mundo real" e querem entrar no "mundo digital".

A primeira recomendação que faço é "dar um jeito" de vender o serviço online. Crie vídeos, conteúdos, uma página de vendas simples, qualquer coisa que o ajude a criar e "validar o caminho" de vendas.

Sem isso eu não consigo ajudar, porque a curva de aprendizado é muito grande.

A partir do momento em que você consegue vender seu próprio serviço online (e consegue repetir esse processo), você pode começar a criar outras formas de monetizar por meio de produtos ou serviços diversos, que atenderão a demandas específicas.

Por que tantos empreendedores falham nisso? Por dois motivos bem simples:

1. Falta de vergonha na cara.
2. Falta de responsabilidade.

O que eu quero dizer com isso?

Muitas pessoas que empreendem e querem "migrar para o digital" simplesmente não querem fazer o que precisa ser feito.

Você precisa investir (tempo ou dinheiro). Você precisa se comunicar. Você precisa vender seu peixe e ser responsável pelas vendas da sua empresa.

E mais importante: você precisa assumir a responsabilidade.

Você não pode estar no zero, não querer fazer nada, e delegar TODA a responsabilidade para uma agência de marketing, ou um consultor, fazer o trabalho para você.

Acredite, vejo isso o tempo todo, e já me arrependi inúmeras vezes de ter aceitado trabalhos com empreendedores nessas situações.

Eu não posso empurrar um carro parado. Só posso consertar carros que já estão em movimento.

Agora, quero trazer para você a segunda estratégia Elon Musk.

Quando Musk começou a construir a Tesla e seus carros elétricos, ele precisava de baterias. Em vez de fazer como as pessoas normais e comprar baterias, ele foi além. Construiu uma empresa que fornece as baterias elétricas para a própria Tesla e também para outras empresas.

Da mesma forma, a SpaceX utilizava a internet de provedores privados dos Estados Unidos, que tem uma péssima qualidade. Então Musk criou a Starlink, que fornece sinal de internet confiável para a SpaceX e também vende mundo afora para diversas empresas e pessoas.

Não estou dizendo que você precisa construir empresas para tudo, mas pense em como você pode construir ecossistemas.

Dando um exemplo mais simples, veja os meus livros.

Meu primeiro livro, *Palavras que Vendem Milhões*, ensina uma série de modelos provados de cartas de vendas que você pode seguir.

O livro *Gatilhos Mentais* ensina em detalhes a psicologia por trás da persuasão e que você pode aplicar em diversos contextos.

O livro *E-mails que Vendem* ensina a criar uma estratégia de comunicação ao longo do tempo com seu cliente, e não ficar refém de uma comunicação única.

O livro *Story$elling* ensina a contar histórias, que é a forma mais efetiva de persuasão.

O livro *Gatilhos da Alma* ajuda você durante a jornada de encontrar a si mesmo, sua essência, para que você possa realmente ser quem é.

Este livro, *Cartas de Ouro para Empreendedores*, é um guia para a construção de um negócio sólido, no qual ofereço estratégias amplas, e é um compilado da minha maneira de pensar e estruturar negócios.

Na primeira vez que escrevi as Cartas, em 2015, livros sobre marketing digital e copywriting não existiam, por isso elas eram muito maiores.

Hoje, para se aprofundar em cada um dos temas específicos, você pode ler os 6 livros e ampliar ainda mais sua visão sobre esses temas.

Mas você consegue ver como criei um ecossistema de produtos, o qual permite que meus clientes naveguem em diferentes situações e necessidades?

Você também pode construir ecossistemas dessa forma no seu negócio.

Tenho até hoje diversos cursos — alguns já finalizados — que cobrem um "ecossistema" de necessidades. Assim como já tive uma agência de marketing para executar as ações definidas no meu trabalho como consultor.

Lembre-se: Não há limites.

Um amigo começou a trabalhar com um canal motivacional no YouTube, e parte de sua necessidade quase diária era criar vídeos.

Como muitas pessoas começaram a pedir "vídeos como o do canal", ele criou uma empresa que produz vídeos, e vende esse serviço de maneira independente do canal.

Outra forma de construir ecossistemas é pensar em meios diferentes de alcançar seus clientes.

Você pode criar (ou até mesmo comprar) um podcast (e esse podcast passa a enviar leads para seu negócio), ou comprar uma lista de e-mails, um grupo no Facebook, ou até mesmo um site que seja aderente ao seu público.

Você também pode pensar em produtos ou serviços de que o seu cliente pode precisar antes ou depois de estar em contato com você.

Por exemplo, quem compra um jogo de talheres pode estar interessado em um jogo de pratos, ou em uma mesa.

Todas essas são oportunidades que você pode explorar e oferecer para seu cliente (oferecendo produtos de parceiros, ou até mesmo comprando um concorrente para ganhar uma vantagem maior no mercado).

Crie seu próprio ecossistema de sucesso e estabeleça uma base ainda mais sólida para seu negócio continuar crescendo.

À Sua Riqueza e Felicidade!

Gustavo Ferreira

P.S.: Vou compartilhar uma história que já ouvi inúmeras vezes, mas, quando Dan Martell contou recentemente, finalmente entendi.

Para ficar rico, você precisa ser "incompetente por design".

Nesse caso, ser "incompetente" não tem nada a ver com deixar de fazer algo por **não saber**, mas, sim, por **não querer**.

O que eu quero, nesse cenário, são pessoas capacitadas — e de preferência melhores que eu — para fazer o sistema da minha empresa rodar.

Ou seja, eu não vou rodar sozinho o sistema da minha empresa. Vou desenvolver profissionais que possam fazer esse sistema rodar junto comigo.

Por exemplo, imagine que você é dono de um restaurante, e por algum motivo o chef vai embora.

Qual a providência que boa parte dos donos de restaurante toma? Eles mesmos vão para a cozinha, começam a fazer comida de baixa qualidade, não se desvinculam de tarefas que não deveriam ser designadas a eles, e então é só ladeira abaixo.

Comida ruim, mal administrado, clientes vão embora, falta dinheiro, e muitos restaurantes fracassam por conta disso.

Ao apagar o incêndio com uma ação como essa, você posterga uma decisão de realmente resolver a situação. Se você pode cozinhar hoje, poderá cozinhar amanhã também.

Essa mentalidade está errada.

Se você for incompetente (ou simplesmente preguiçoso), fará o possível para trazer um novo chef imediatamente, e você não vai cozinhar.

Dessa forma você garante que o nível do seu restaurante não caia, e você continua dedicado ao seu papel de empreendedor: administrar e fazer a empresa crescer.

Por isso é importante "Comprar Tempo" (veja a Carta 10, em que ensino a fazer isso), e reforço isso aqui, na Carta "A Estratégia Elon Musk".

No entanto, à medida que criar seu ecossistema, tome muito cuidado para não ser sugado em tarefas que o afastam do que você realmente precisa fazer.

* * *

P.P.S.: Para além deste livro, em que mostro minha maneira de pensar na hora de estruturar minhas campanhas e estratégias, e compartilho minhas técnicas na estruturação da empresa como um todo, eu gostaria de reforçar o convite para você conhecer os outros livros e mergulhar no meu mundo:

Gatilhos Mentais, Story$elling, Palavras que Vendem e *E-mails que Vendem* mostram como eu faço a parte "técnica" da comunicação e persuasão.

E *Gatilhos da Alma* é para você descobrir seu "eu" e se conectar com sua essência.

Exercício proposto

- Qual produto ou serviço *premium* você pode criar?
- Pelo que seu cliente também se interessa?
- O que ele compra antes de comprar seu produto? O que ele compra depois?

Carta 17
GRAN FINALE

Caro amigo e cara amiga,

Chegamos à nossa última Carta.
Enquanto reescrevia todas elas, percebi algo muito importante.
Estas Cartas são o meu legado como empreendedor.
É lógico que tenho mais "cartas na manga" depois de tantos anos de experiência empreendendo e atuando em grandes campanhas (além do fato de que continuo estudando e aprendendo).
Mas fico contente porque neste livro consegui trazer a essência do meu pensamento.
E por que chamo esta Carta de "Gran Finale"?
Porque, seguindo as estratégias que apresento aqui, você pode chegar a dois cenários.

O primeiro é um cenário de crescimento.
Você terá um negócio sólido, com mais de uma fonte de tráfego, terá diversas ofertas e poderá alcançar um patamar de renda muito confortável.
Se você quiser crescer mais, também terá toda a base para isso. Tudo isso enquanto você se mantém lucrativo.
Chega de preocupações se a sua empresa "terá dinheiro no mês que vem".

Não foi isso que você sonhou quando começou a empreender?

Eu acredito em todo o seu potencial, e tenho certeza de que você pode construir a vida que sempre sonhou.

Acredito tranquilamente que, seguindo o que apresento aqui, você pode até mesmo dobrar ou triplicar seu resultado em um ano, e é isso que espero.

Agora, existe outro cenário que também pode te interessar.

Se você construir uma empresa que:

- Tem um fluxo constante de novos clientes.
- Renda previsível.
- Processos que não dependem de "você" para rodar...

Sua empresa pode ser uma forte candidata a ser vendida.

Particularmente, esse é um dos meus objetivos.

Até antes de 2024, sempre tive dificuldade para montar um time e processo coesos, e, da maneira como as coisas aconteceram, não consegui desvincular minha imagem do meu negócio.

A antiga "CopyCon" (que era o nome do meu site) era 100% o Gustavo.

Hoje estou entrando em uma nova realidade.

Estou desenhando processos, construindo um time e até mesmo construindo comunicações e produtos que não são "o Gustavo" falando.

Você não precisa necessariamente vender sua empresa também.

O simples fato de o seu negócio ser independente de você significa que você pode descansar no fim de semana, ou viajar uma semana com sua família, um luxo que muitas pessoas não têm.

Toda a construção deste livro é voltada para transformar sua vida e a realidade do seu negócio.

Desejo realmente que você alcance isto: ter um negócio sólido, lucrativo e escalável, e que você seja capaz de vender se quiser.

Eu defendo que você busque esse caminho porque acredito que é por meio do empreendedorismo que o mundo pode ser transformado.

Da mesma forma, acredito que sua empresa deve crescer, que você precisa de um time porque assim você também estará ajudando a construir uma vida melhor para outras pessoas (além dos seus próprios clientes).

E também acredito que você deve ser capaz de Receber todas as recompensas por transformar a vida das pessoas: qualidade de vida, dinheiro, saúde e tempo.

Você merece.

E tenho certeza de que está pronto para alcançar tudo isso.

Quero que você pense numa coisa: se você vendesse sua empresa hoje, quais seriam as primeiras 3 coisas que os novos donos iriam mudar imediatamente?

Depois de pensar nisso, eu pergunto: o que te impede de começar essas mudanças hoje?

Lembre-se de que sua empresa também não é apenas o seu produto ou serviço.

Você tem pessoas, processos, custos, fornecedores, distribuição, contratos, logística, ferramentas, tecnologias, patrimônio, gestão financeira, fluxo de caixa... todos esses são pontos que precisam ser avaliados e melhorados constantemente.

Em muitas empresas em que atuo, nem mexo no produto ou serviço ofertado, mas ajudo a otimizar os setores, times e processos envolvidos.

Enquanto você estiver atuando como "empreendedor solo", você terá um limite de quanto pode crescer.

Os números variam de acordo com a fonte de pesquisa (e claro que há exceções), mas uma grande maioria atinge apenas o suficiente para sobreviver.

Os que vão bem ficam limitados a um "teto" de R$ 500.000 de faturamento.

Se você consegue criar uma estrutura mínima mesmo com freelancers, já pode atingir R$ 2.000.000 de faturamento.

Conheço pessoas "solo" que ficaram milionárias e até criaram negócios que atingiram 8 dígitos, mas são a exceção.

É por isso que enfatizo a importância de estabelecer processos, comprar tempo e encontrar pessoas capacitadas para te ajudar na sua jornada.

Lembre-se: o sucesso começa na sua mente, e você é o único responsável pela sua realização.

Eu acredito em você.

À Sua Riqueza e Felicidade!

Gustavo Ferreira

P.S.: Você não achou que eu iria terminar sem um "P.S.", não é? :)

Acredito nessa filosofia de vida que chamo Negócios com Alma.
Quando você coloca sua ALMA no seu negócio, tudo se transforma.
ALMA tem, sim, um sentido espiritual, mas também é um acrônimo que venho desenvolvendo:

Autenticidade: Ser quem você realmente é, ser inteiro e íntegro com sua essência — e manifestar isso no mundo por meio do seu negócio e do seu trabalho.

GRAN FINALE

Liderança/Legado: Ser uma fonte de referência no mercado, a fim de que seu legado perdure por gerações e ajude milhares, e até milhões, de pessoas.

Missão e Valor: Manifestar sua missão espiritual em sua missão empresarial, aplicando valores que estão alinhados à sua essência e refletem na sociedade como um todo.

Atitude: O mundo só é transformado por meio da consciência... e para isso é preciso AÇÃO (lembre-se do conceito de *grit*).

Desejo que você cresça cada vez mais e que você também crie um Negócio com Alma.

P.S.

Querido amigo e querida amiga,

Para te ajudar ainda mais em sua jornada, quero compartilhar alguns materiais.

No link abaixo você pode acessar...

- Visão 10x.
- Guia de oferta.
- Calculadora de funil.
- Planos de segurança, conforto e riqueza.
- Modelo de texto para processo seletivo.
- Matriz de testes.
- 5 passos de vendas. E mais alguns vídeos complementares.

Aqui está o link: cartasdeouro.com.br/presente

Este livro foi composto na tipografia Minion Pro,
em corpo 11,5/16, e impresso em
papel off-white no Sistema Cameron da
Divisão Gráfica da Distribuidora Record.